A QUALIDADE da ESCOLA PÚBLICA NO BRASIL

Marcus Aurelio Taborda de Oliveira
Fabiana da Silva Viana
Luciano Mendes de Faria Filho
Nelma Marçal Lacerda Fonseca
Rita Cristina Lima Lages
(Organizadores)

A QUALIDADE da ESCOLA PÚBLICA NO BRASIL

MAZZA
edições

A QUALIDADE DA ESCOLA PÚBLICA NO BRASIL

COLEÇÃO PENSAR A EDUCAÇÃO PENSAR O BRASIL

Capa
Túlio Oliveira

Revisão
Adalberto Pereira Filho, Lourdes Nascimento e Paloma Figueiredo

Projeto Gráfico e diagramação
Anderson Luizes – Casadecaba Design e Ilustração

Q1 A qualidade da escola pública no Brasil / organizadora, Fabiana da Silva Viana ... [et al.]. – Belo Horizonte : Mazza Edições, 2012.

144p.; 16x23cm

Outros organizadores: Luciano Mendes de Faria Filho, Marcus Aurélio Taborda de Oliveira, Nelma Marçal Lacerda Fonseca e Rita Cristina Lima Lages.

ISBN: 978-85-7160-581-7

1. Brasil – Educação e Estado. 2. Qualidade na educação. 3. Escolas públicas. I. Oliveira, Marcus Aurelio Taborda de. II. Viana, Fabiana da Silva. III. Faria Filho, Luciano Mendes de. IV. Fonseca, Nelma Marçal Lacerda. V. Lages, Rita Cristina Lima .

CDD: 379.81
CDU: 37:32(81)

MAZZA EDIÇÕES LTDA.
Rua Bragança, 101 – Pompeia
30280-410 BELO HORIZONTE – MG
Telefax: + 55 (31) 3481-0591
email: edmazza@uai.com.br
site: www.mazzaedicoes.com.br

SUMÁRIO

APRESENTAÇÃO

Pensar a escola pública no Brasil, pensar na qualidade da escola pública no Brasil. Por que trazer este tema ao debate? Os artigos presentes neste livro nos convidam a refletir sobre o que é, e o que pode ser essa qualidade, porque problematizam a obviedade com a qual tratamos esse assunto. Em diferentes canais de comunicação, a cada instante, deparamo-nos com educadores, políticos e formadores de opinião sugerindo maneiras, apresentando fórmulas que, se empregadas, poderiam resolver os baixos índices de desempenho escolar, os problemas com a violência e a indisciplina, a falta de motivação e envolvimento dos professores. Nesses mesmos espaços, são apresentados aos expectadores e leitores ideias e experiências que deram certo em outros países; grande parte delas, envolvendo a premiação dos professores mais eficientes e certo envolvimento da família na vida escolar das crianças. Dito de outro modo, o que temos visto é uma grande circulação de modelos e concepções sobre a educação escolar; muitas vezes, modelos e concepções pouco questionados e que servem de parâmetro para diferentes grupos sociais avaliarem e tratarem a escola pública no Brasil.

Preocupado em promover essa reflexão, o *Projeto Pensar a Educação, Pensar o Brasil* (*1822-2022*) elegeu como tema para as conferências de seu seminário anual, no ano de 2010, *A qualidade da escola pública no Brasil.* Tais conferências culminaram, pois, na composição deste livro. Esse projeto tem sido realizado por alunos e professores da Faculdade de Educação, do Departamento de Educação Física e outras unidades da Universidade Federal de Minas Gerais (UFMG), em sua maioria, participantes do Grupo de Estudos e Pesquisas em História da Educação (GEPHE). Ele tem como principal objetivo criar um espaço democrático de debate e, para tanto, desde 2007, vem promovendo seminários sobre os significados e as contradições dos discursos sobre a educação no País. Fundamentando-se nesse propósito, já foram realizados três outros seminários que, também, tiveram suas conferências publicadas em forma de livro: o primeiro deles tratou da relação entre os intelectuais e o ensino público; o segundo, sobre as reformas educacionais, suas concepções e implicações; e o terceiro, sobre relações étnico-raciais e educação no Brasil.[1]

Movidas pelos debates e por reflexões calorosas – umas planejadas, outras nem tanto – julgamos interessante dar a conhecer, ao nosso leitor, o processo que vivenciamos desde a escolha do tema, a organização do Seminário e, de modo mais intenso, a organização deste livro, para o qual dedicamos leituras interessadas dos artigos ora apresentados. Poderíamos até nos arriscar em dizer que tornar evidente tal processo se mostrou determinante para compreender o livro em seu conjunto. Isso porque nos víamos a nós mesmas contidas nas reflexões das conferências, bem como dos textos delas resultantes. As leituras desses artigos se constituíram como verdadeiros momentos de circunspecção, pois leitoras que somos, envolvidas por nossas paixões – no sentido lato da palavra. E os autores e suas ideias se misturavam, inadvertidamente, com nossos objetos de pesquisa, com nosso fazer quotidiano no qual a educação ocupa centralidade. O que fazia, um ou outro, nos lembrar do nosso papel que era o de "organizar um livro". E ensaiávamos, então – algumas vezes sem sucesso – como nos isentar de uma ou outra reflexão calorosa e tentar apresentar este livro e seus autores.

Ainda no processo de transformar os textos em um livro, as ideias trazidas pelos autores também nos levaram a avaliar como as escolhas que orientaram a organização do Seminário estavam elas mesmas refletidas e imbricadas no que foi produzido em conferências e textos. Nesse sentido, lembramo-nos de nossa primeira reunião para organização do Seminário, para o qual o tema *A qualidade da escola pública no Brasil* já havia sido estabelecido. Assim, as discussões giravam em torno de: para pensar sobre a qualidade da escola pública, quais fatores devem ser considerados? Logo, estabelecemos os temas para as conferências, e algo se insinuou como se tais temas fossem advindos de um quadro "já visto", já dado. Sim, eram todos de uma legitimidade, esses temas. Não tivemos dificuldades em estabelecer que para falar da

---

[1] Além de realizar seminários anuais, o *Projeto Pensar a Educação, Pensar o Brasil* (*1822-2022*) desenvolve outras ações, como a publicação de livros, a realização de um programa de rádio – veiculado todas as segundas-feiras, na Rádio UFMG Educativa (104,5 FM) – e mantém uma página na internet, que pode ser acessada pelo endereço eletrônico: <http://www.fae.ufmg.br/pensareducacao>.

qualidade pretendida, era fundamental discutir sobre currículo, formação e trabalho docente, gestão escolar, avaliação, sem prescindir, é claro, de uma perspectiva histórica que desse conta de situar sócio e historicamente a construção do que viria a ser uma escola pública de qualidade.

Interessante observar como essas escolhas iriam elas mesmas se conectar ao debate encetado nas conferências e retomado nos artigos deste livro. De modo geral, portanto, em todos os artigos, os autores tentam nos mostrar a complexidade que envolve a ideia de qualidade; levando-nos a reconsiderar nossos posicionamentos diante da educação, da escola pública e do papel que atribuímos a esta instituição. Eles propõem, nesse sentido, uma reflexão em torno dos objetivos da educação escolar e discutem os elementos que têm sido considerados para mensurar a qualidade do ensino público no Brasil. Importante destacar seus esforços em situar os elementos que definem essa qualidade como resultantes de um dado momento histórico e das expectativas que a sociedade deposita em torno da educação escolar; expectativas essas circunscritas em espaços e tempos particulares. Por outro lado, há que se observar que cada um deles adota uma perspectiva de análise, lançando mão de argumentos próprios de seu campo de atuação: avaliação, currículo, formação docente, gestão etc.

Para ilustrar tal assertiva, podemos citar o artigo da autora Alice Casimiro Lopes: "A qualidade da escola pública: uma questão de currículo?". Em suas "respostas" a esta questão, Alice nos indaga – já respondendo – por que sempre se faz essa conexão entre qualidade da escola e currículo. Em sua avaliação, esta ligação se deve ao fato de as políticas públicas significarem o currículo muitas vezes como os conhecimentos realmente aprendidos pelos alunos; quando "inter-relacionam qualidade com eficácia das escolas, e esta com a garantia de que professores sejam capazes de atingir metas do currículo, incluindo a formação nos conteúdos".

A autora argumenta sobre a obviedade da qualidade da educação como dependendo de uma qualidade do currículo. Considera "a necessidade de problematizar essa aparente obviedade, na medida em que ela pode ser interpretada como a hegemonização de uma determinada significação de qualidade e também de uma determinada significação de currículo". Para isto propõe a compreensão da "qualidade do currículo da escola pública" como algo em constante processo de construção, ou seja, algo instável e provisório. E os distintos projetos – advindos de grupos sociais com todos os seus pertencimentos a tempos, espaços e lugares, também, distintos – que são encaminhados para a educação é que vão construir esses sentidos provisórios.

Já quando elegemos a formação docente para compor o debate, a autora Lucíola Licinio Santos nos faz lembrar em seu artigo, "A qualidade da escola pública: a contribuição dos professores e de sua formação", que a formação do professor, no âmbito das políticas públicas, tem sido tratada como elemento estratégico para se pensar a qualidade da educação. Segundo a pesquisadora, é importante observar a participação dos organismos internacionais nas políticas educacionais brasileiras, uma vez que são esses organismos que financiam e definem diretrizes que orientam políticas e projetos educacionais em diferentes partes do mundo. Nessas diretrizes, entre outros fatores, é dada, segundo avalia a autora, centralidade à formação docente em serviço, considerada mais necessária e de menor custo, em detrimento da formação inicial.

Em contraposição a este pensamento e sem desconsiderar a importância da formação continuada, a autora enfatiza o papel fundamental da formação inicial, uma vez que seria durante a Graduação que o professor adquire as bases sobre as quais desenvolve seu conhecimento sobre a educação escolar e aprende como realizar seu trabalho. Avalia que há uma precariedade nos cursos de licenciatura, que desconhecem a realidade da escola pública e fazem pouca conexão entre o conteúdo teórico e a prática pedagógica; e, nesta direção, chama a atenção para o importante papel dos professores que formam outros professores.

Nessa mesma esteira, Vitor Henrique Paro, no artigo "A qualidade da escola pública: a importância da gestão escolar", sugere uma definição de educação que considere o aluno como "homem histórico" e que promova a apropriação e o usufruto dos bens culturais. Propõe, também, uma concepção de gestão em que a escola é tomada como uma empresa, mas uma empresa dotada de características muito peculiares. Não se poderia, segundo o autor, aplicar na escola métodos e técnicas apenas porque funcionam bem em empresas do sistema produtivo em geral, sem levar em conta em que medida eles convergem com os fins dessa instituição tão particular. Enfatiza que somente quando obedecermos o caráter escolar da gestão é que poderemos conceber sua importância para a qualidade da escola pública.

José Francisco Soares, no artigo "Qualidade da educação: qualidade de escolas", por sua vez, analisa a qualidade da escola pública brasileira, considerando para isto o estabelecimento escolar. Para aferir e monitorar a qualidade de um estabelecimento como esse, sugere um conjunto de indicadores: recursos disponíveis, processos utilizados e resultados obtidos, sendo o aprendizado dos alunos apenas um desses resultados. Dito de outro modo, o autor defende a tese de que a qualidade da educação escolar seria a qualidade da organização escolar, e afirma que avaliar a qualidade de uma escola consiste em verificar se cada uma de suas estruturas está funcionando a contento. Assim, uma boa escola seria "aquela que tem como valor fundamental a garantia dos direitos de aprendizagem de seus alunos, dispõe da infraestrutura necessária, ensina o que é relevante e pertinente através de processos aceitos pela comunidade escolar e pela sociedade servida".

Como os demais autores, Cynthia Greive Veiga lança ao leitor um conjunto de questões. Em seu artigo "A qualidade da escola pública no Brasil: uma perspectiva histórica", parte da seguinte pergunta: "de que modo a temática da qualidade da escola pública foi elaborada como um problema"? Para a autora, o parâmetro de qualidade não seria dado *a priori* da experiência dos indivíduos; ele seria sim uma construção sócio-histórica e estaria intimamente ligado aos variados padrões de qualidade elaborados nas dinâmicas sociais ao longo do tempo. A autora propõe, portanto, uma reflexão, não sobre a qualidade da escola, mas sobre a qualidade da educação e das relações tecidas no espaço escolar. No seu entendimento, não se deve tomar a escola de modo reificado, tratando-a como uma coisa, como comumente se faz; é preciso considerá-la em sua dimensão social e histórica, como sendo o resultado das relações de interdependência estabelecidas entre os indivíduos e os diferentes grupos sociais. Compreende, portanto, que "a discussão do debate sobre a qualidade de algo ou de alguém, somente tem sentido se associado ao entendimento das dinâmicas funcionais presentes nas relações humanas".

A tônica das relações também compõe o artigo de Inês Assunção de Castro Teixeira, "A qualidade da escola pública: as condições de trabalho e a condição docente (reverberações do *Pensar*)". Primeiramente, a autora anuncia de que forma elaborou as reflexões presentes em sua fala e seu texto: a partir de um exercício de pensamento, que "interroga as próprias bases e direções do pensar". A partir daí Inês nos conduz a uma interessante discussão sobre os princípios que devem ser considerados na compreensão do que seja uma escola pública de qualidade: é preciso ter em mente a historicidade e o caráter de incompletude da noção de qualidade; é necessário, ainda, levar em conta as totalidades sócio-históricas em que a escola está imersa; além disso, deve-se atentar para a complexidade dos processos e dinâmicas que ocorrem dentro dessa instituição; e, finalmente, é importante considerar a elaboração e realização de projetos que assegurem a formação humana, em suas várias dimensões, inclusive em sua dimensão criativa.

Depois de pensar sobre tais princípios, a autora diz que "as condições de trabalho sob as quais os professores realizam suas atividades são um dos principais fatores da qualidade da escola". Isto ocorre porque a grande finalidade da escola é o ato educativo-pedagógico, e este ato só se concretiza nas relações entre os professores e seus alunos. Tais relações, no entanto, não se esgotam em si mesmas e nem ocorrem num vazio; elas envolvem e são envolvidas por fatores e circunstâncias que não podem ser totalmente controlados ou previstos, que muitas vezes extrapolam "a vontade, os desejos e as pessoas de seus professores". Assim, para que haja qualidade na escola pública, a autora afirma que é preciso reconhecer e tratar das condições objetivas e subjetivas, materiais e simbólicas da realização da docência.

Estas diferentes reflexões, as diferentes perspectivas adotadas na discussão sobre a qualidade da escola pública no Brasil nos oferecem subsídios para pensarmos o quanto não é evidente e trivial essa temática. O que se desdobra, pois, na necessidade de se construírem ocasiões para debates. E, ao querer deixar registradas aqui as relações que estabelecemos com os textos, objetivamos não apenas incitar ao desejo da leitura, mas, sobretudo, pensar sobre nosso próprio pensamento, sobre as concepções e percepções que temos construído em torno do tema da qualidade do ensino e da escola. Acreditamos, portanto, que as análises empreendidas pelos autores muito poderão contribuir para adensar a discussão necessária sobre a importância e o papel da escola pública no Brasil, sobre seus desafios e suas possibilidades.

Fabiana da Silva Viana
Nelma Marçal Lacerda Fonseca
Rita Cristina Lima Lages

A QUALIDADE DA ESCOLA PÚBLICA: UMA QUESTÃO DE CURRÍCULO?

ALICE CASIMIRO LOPES

Todas las palabras requieren una experiencia compartida.
(Jorge Luiz Borges, *In*: *Agosto* 25, 1983).

INTRODUÇÃO

Nas duas últimas décadas, as políticas curriculares, tanto no Brasil quanto em outros países, vêm se desenvolvendo com base em um discurso que conecta currículo com qualidade da Educação. Em alguns documentos que projetam sentidos para as políticas, o currículo é significado muitas vezes como os conhecimentos realmente aprendidos pelos alunos. Dourado, Oliveira e Santos (2007) destacam como documentos da UNESCO (Organização das Nações Unidas para a Educação, a Ciência e a Cultura) e da OCDE (Organização de Cooperação e de Desenvolvimento Econômico) apresentam o significado de qualidade com base no que acontece em sala de aula, notadamente processos de ensino-aprendizagem e currículos. Na medida em que vinculam qualidade à equidade, a garantia de ambas se deve à possibilidade de propiciar o cumprimento eficaz dos currículos. Nessa mesma direção seguem documentos do Banco Mundial (DOURADO; OLIVEIRA; SANTOS, 2007) que inter-relacionam qualidade com eficácia das escolas e esta com a garantia de que os professores sejam capazes de atingir metas do currículo, incluindo a formação nos conteúdos.

Poderia ser argumentado que essa conexão é restrita aos documentos de organismos multilaterais, mas também documentos do contexto de produção de textos, na acepção de Ball (1994), das políticas de currículo apontam, em diferentes sentidos, para a intrínseca relação entre qualidade e currículo. O Parecer nº 8/2010 da Câmara de Educação Básica do Conselho Nacional de Educação (BRASIL, 2010a), que estabelece normas para a aplicação de padrões mínimos de qualidade de ensino para a educação básica pública, confere relevo aos resultados da educação, incluíndo eles aqueles relacionados ao currículo, defendendo que estes sejam atraentes. Por sua vez, as Diretrizes Curriculares Nacionais da Educação Básica (BRASIL, 2010b) associam a qualidade pedagógica à qualidade política e significam a primeira como correlacionada aos saberes e conhecimentos do currículo. É defendido que ambas as qualidades são necessárias para uma qualidade de vida e uma qualidade social, abrangendo *diversos modos avaliativos comprometidos com a aprendizagem do estudante, interpretados como indicações que se interpenetram ao longo do processo didático-pedagógico, o qual tem como alvo o desenvolvimento do conhecimento e dos saberes construídos histórica e socialmente* (p. 16). Assim, a qualidade social é vinculada ao conhecimento dos interesses da comunidade escolar. Por sua vez, no documento *Indicadores da qualidade da educação*[2] (Ação educativa, 2004), a avaliação é elencada como um dos indicadores em função da possibilidade de identificar a aprendizagem dos conteúdos curriculares pelos alunos.

Poder-se-ia argumentar que se trata de uma conclusão óbvia: a de que a qualidade da educação depende de uma qualidade do currículo, relacionada aos conteúdos ensinados e à real possibilidade de os alunos e alunas aprenderem esses conteúdos. Considero, porém, a necessidade de problematizar essa aparente obviedade, na medida em que ela pode ser interpretada como a hegemonização[3] de uma determinada significação de qualidade e também de uma determinada significação de currículo.

---

[2] Elaborado com apoio do Inep (Instituto Nacional de Estudos e Pesquisas Educacionais) /MEC, do UNICEF (Fundo das Nações Unidas para a Infância) e do PNUD (Programa das Nações Unidas para o Desenvolvimento).

[3] Em todo o texto, quando me refiro à hegemonia sem indicação do autor de referência do conceito, me pauto na interpretação da teoria do discurso de Laclau e não no sentido gramsciano mais usual. O mesmo se dá em relação a termos correlacionados, tais como discurso e articulação. Extrapola os limites deste artigo a possibilidade de desenvolver toda essa interpretação, a qual é aqui apresentada brevemente. Aos interessados no desenvolvimento mais amplo desses conceitos, recomendo os artigos de Lopes (2008, 2010). Para a discussão sobre a teoria do discurso, ver Laclau (2011) e Howarth; Norval e Stavrakakis (2000).

Ball (1994) já apontou o quanto o foco nos efeitos de primeira ordem, relacionados aos objetivos instrucionais, mascaram a importância de a escola e o currículo também produzirem efeitos de segunda ordem, relacionados à justiça social e à igualdade. Assumir que os efeitos de primeira ordem são obrigatoriamente garantidores dos efeitos de segunda ordem implica desconsiderar uma gama complexa de questões vinculadas às finalidades culturais, políticas e sociais da escola. Além disso, há muito se teoriza sobre o caráter contestado do que se entende por objetivos instrucionais e conteúdos a serem ensinados.

Análises sobre a qualidade no campo educacional, particularmente tendo em vista sua conexão com o currículo, já salientaram o caráter historicamente produzido do conceito de qualidade, a necessidade de superarmos a ênfase apenas em seus aspectos técnicos (SANTOS; MOREIRA, 1995; MOREIRA; KRAMER, 2007). Centralmente embasados em Beatrice Avalos, os autores defendem a importância de o conhecimento escolar ampliar o universo cultural dos alunos, sem desmerecer suas tradições e raízes. Ao mesmo tempo, trazem outros elementos para essa concepção, buscando entender fatores intraescolares (condições de trabalho, gestão, formação docente, análise da educação com base em resultados de avaliação externas) e extraescolares (condições de vida dos grupos sociais desfavorecidos) da qualidade da educação.

Tais análises, contudo, junto com muitas outras desenvolvidas sobre a qualidade da educação em diferentes perspectivas (FRANCO, 2007; DOURADO; OLIVEIRA, 2009), não problematizam a luta política pela definição da qualidade ou, quando o fazem, pressupõem identidades fixas nessa luta. Ao invés de conceber que a luta política constrói os processos de identificação dos sujeitos com determinados projetos de qualidade, trabalham como se existisse, antes dos embates e articulações entre demandas diversas, projetos estabelecidos que disputam a hegemonia. Nessa perspectiva, como a qualidade da educação – e nesta a do currículo em particular – é defendida por todos, passa a ser necessário adjetivar a qualidade – como socialmente referenciada, por exemplo –, de maneira a tentar identificá-la como um projeto distinto do projeto do Outro. Nessa luta de *nós* contra *eles*, a tendência dominante trabalha como se soubéssemos, de forma definitiva, quem somos nós e quem são eles antes mesmo de os projetos políticos se desenvolverem. Isso porque a sociedade é concebida como um todo estruturado capaz de definir as posições dos sujeitos, como se houvesse uma gramática social a posicionar o sujeito na (or)ação política. Tal identificação fixa também se expressa na própria forma de operar com o significante *currículo*.

Visando a contribuir para esse debate a partir de outro enfoque, proponho neste texto desenvolver uma possível resposta à questão mencionada no título que me foi proposto como tema para este artigo: a qualidade da escola pública é uma questão de currículo? Para tal, procuro não tratar esta pergunta previamente como tendo uma óbvia resposta afirmativa. Faço isso associando a esse questionamento mais amplo as questões: o que significa afirmar esta conexão? De qual qualidade falamos e a qual currículo nos referimos? De que maneira disputamos os sentidos de qualidade e como conectamos esses sentidos aos de currículo?

Buscando desenvolver uma abordagem teórica que permita considerar aspectos dessas relações, construo este artigo em mais três seções. Na primeira, desenvolvo a concepção de currículo que me parece hegemônica no campo, a partir da incorporação dos enfoques críticos, principalmente aqueles de viés neomarxista: a de currículo como seleção contestada de uma cultura mais ampla[4]. Trabalho essa perspectiva a partir de sua localização em uma relação currículo/sociedade que concebe esta última como um todo estruturado. Nesse enfoque teórico, determinado discurso sobre qualidade é construído e procuro também localizá-lo brevemente, de maneira a efetuar sua crítica. Em seguida, proponho o questionamento desse enfoque, a partir do desenvolvimento da concepção de currículo como produção cultural no âmbito de lutas políticas em uma sociedade descentrada. Por fim, levando em conta essa segunda concepção, procuro desenvolver certa desestabilização do atual consenso hegemônico da relação entre currículo e qualidade.

CURRÍCULO COMO SELEÇÃO DA CULTURA NA SOCIEDADE COMO UM TODO ESTRUTURADO

Desde que superamos, do ponto de vista teórico, as concepções instrumentais de currículo, vinculadas à formulação de objetivos, capazes de definir conteúdos, atividades e avaliação, uma das concepções mais significativas de currículo é a de seleção de conteúdos de uma cultura mais ampla. As concepções instrumentais permanecem sendo referência para muitas interpretações de currículo, para o desenvolvimento de diferentes projetos, hibridizadas ou não a tendências críticas, mas

[4] Essa discussão é apresentada de forma mais detalhada em Lopes e Macedo (2011).

não são mais hegemônicas nos espaços acadêmicos educacionais, particularmente no que concerne ao campo do currículo.

Nos mais diferentes contextos nos quais as políticas curriculares se desenvolvem, dentre eles as escolas, há muitos rastros de enfoques instrumentais, às vezes inclusive com destaque, principalmente no que concerne à tendência prescritiva. Mas também é muito presente a ideia de currículo como seleção de conteúdos, a preocupação com o caráter contestado dessa seleção e circulam discursos associados aos enfoques críticos que problematizam o poder e os interesses nessa seleção de conteúdos para o currículo.

Isso se deve em grande parte à entrada das discussões neomarxistas no campo do currículo[5]. A problematização do que se entende por cultura levou a busca por entender *quem* efetua a seleção dessa cultura para o currículo e como esse processo se conecta com a ideologia. Nessa visão, constrói-se a ideia de que existe um repertório de bens simbólicos legitimados, a partir do qual a escola, nas suas relações com o entorno social, seleciona o que ensinar. Temos duas concepções articuladas: a concepção de repertório de bens simbólicos constituído por um dado processo hegemônico e a concepção de sociedade como um todo estruturado em classes sociais, passível de ser compreendida por uma estrutura econômica que a constitui.

Um dos autores centrais, mas não o único, que opera com essa interpretação é Michael Apple (1989, 2002; APPLE; KING, 1989). Para ele, não é claro qual o conjunto de suposições sociais e ideológicas capaz de legitimar o conhecimento de certos grupos, com a consequente desvalorização de outros bens simbólicos de diferentes grupos. O currículo é, então, significado como produto dinâmico de lutas contínuas entre grupos dominantes e dominados, decorrente de acordos, conflitos, concessões e alianças. Para Apple, principalmente em um segundo momento de análise, esses conflitos e acordos situam não apenas questões socioeconômicas, de classe, mas dinâmicas de raça e gênero.

A perspectiva crítica introduz esse debate pelo questionamento aos pressupostos instrumentais e progressivistas – fins sociais, sociedade, bem-estar social,

[5] A influência de tendências fenomenológicas e de tendências voltadas para a valorização da prática e do cotidiano também tem um papel importante nesse processo, mas nos limites desse artigo não é possível abordá-la. Restrinjo-me aos enfoques neomarxistas pelo seu maior destaque até os dias de hoje nessa discussão específica.

democracia, demandas sociais –, inserindo-os nas questões ideológicas e hegemônicas determinadas pela estrutura econômica. Seu avanço na abordagem das relações entre currículo e poder são inegáveis, porém é mantida a perspectiva de uma fixação de identidades. Ao entender o currículo como uma seleção contestada de conteúdos de uma cultura mais ampla, também inserida numa lógica de conflitos pelo poder de legitimação de bens simbólicos, a perspectiva crítica pressupõe ser possível definir o sujeito (coletivo) da seleção. Mais que isso, pressupõe estabilizar essa seleção pela qual o sujeito – classe dominante, grupos sociais de maior poder – é responsável. Ambos – sujeito que seleciona e objeto selecionado – são encarnados em certos interesses e têm suas identidades fixadas, no caso, em função de uma essência associada aos parâmetros de classe social. Nesse caso, a concepção de cultura como um repertório contestado de bens culturais, do qual são selecionados os saberes do currículo, mantém algum nível de essencialização e reificação.

Mesmo a construção mais sofisticada de tradição seletiva em Raymond Williams (1961) não escapa a essa perspectiva de fixação identitária. Williams considera, por meio do conceito de tradição seletiva, que é criada uma cultura geral humana, o registro histórico como tradição de uma dada sociedade, com a rejeição de áreas consideráveis da cultura vivida – daí seu caráter seletivo. O processo de seleção implica continuamente reinterpretações, mesmo porque as seleções são constantemente feitas e refeitas. Trata-se de um processo que não é realizado unicamente pela educação, mas a esta cabe um papel preponderante.

O conceito de tradição seletiva contribui para que a educação, e o currículo, deixem de ser tratados como se fossem abstratos. É questionado, particularmente, o entendimento do currículo como um corpo estabelecido de conhecimentos consensuais a serem ensinados e aprendidos, cuja única problematização diz respeito a sua distribuição: em que quantidade, em que período de tempo, para este ou aquele grupo. Williams defende que o conteúdo da educação é sujeito a grandes variações históricas, expressando, consciente ou inconscientemente, certos elementos básicos da cultura. Nesse sentido, o currículo é uma seleção determinada, um conjunto particular de ênfases e omissões, expressão consagrada por este autor.

Ao focalizar as omissões nos processos seletivos da cultura, Williams procura destacar que a tradição nem sempre pode ser entendida como positiva: nem sempre o que é selecionado representa o que há de "melhor" na cultura. Por conseguinte, também o currículo – a cultura selecionada para a escola – nem sempre pode ser considerado como o "melhor", em qualquer apreensão do termo.

Na análise de Apple, com base em Williams e Gramsci, o senso comum compõe o conhecimento hegemônico e pode ser entendido como todo um corpo de concepções, significados e valores que constituem as práticas cotidianas e nossa compreensão do ser humano e do mundo. Essa cultura dominante efetiva, selecionada para exercer sua hegemonia,[6] é transmitida como sendo fruto de uma tradição, o conhecimento universal sistematizado. Essa é uma produção histórica, porém muitas vezes os traços dessa história, de seu caráter de seleção e de construção social são apagados por processos ideológicos, capazes de tornar essa cultura hegemônica. O conhecimento assim produzido torna-se uma cultura dominante efetiva, simultaneamente atividade econômica e cultural.

Essa análise é capaz de desconstruir os conceitos idealistas de conhecimento sistematizado, saber universal neutro, bem como demonstrar que toda sistematização é antes de tudo uma seleção marcada por interesses os mais diversos, sejam eles de classe, gênero ou raça. Também contribui para o entendimento de que a cultura hegemônica não nos é imposta autoritariamente por práticas e significados da classe dominante, facilmente identificáveis, mas são incorporadas ideologicamente como algo de valor, cujos conflitos ao longo do tempo são expurgados; daí não serem facilmente desconstruídos.

Com a prevalência da perspectiva crítica de currículo, os processos de luta política para instituir determinados currículos são pautados pelo projeto de sociedade que se tem. Tais projetos engendram determinados projetos de qualidade para o currículo. Um currículo de qualidade em uma perspectiva crítica pressupõe a possibilidade de ampliar a capacidade de pensamento crítico, de entendimento das relações sociais conflituosas, da conscientização de como a estrutura de classes sociais condiciona nossas formas de pensar e, sobretudo, de ação contra-hegemônica. Ou seja, não se trata apenas de interpretar a sociedade como um todo estruturado em classes e entender os processos ideológicos que a sustentam, mas em formar consciências e capacidade de ação dos sujeitos para que essa sociedade se transforme, pela desestruturação e posterior estruturação de novo modo de produção. Dessa forma, deixa-se de considerar, como nas perspectivas instrumentais de currículo, que existe um saber legitimado a ser ensinado a todos na escola. O foco é deslocado para as lutas

[6] Note-se que em Apple o sentido de hegemonia é gramsciano.

– particularmente entre classes sociais, mas também de gênero e raça – que definem o currículo legítimo a ser ensinado.

Todavia, a hegemonia, como em Gramsci, é significada por referência à classe fundamental capaz de conferir direção à articulação – o proletariado[7] –, ainda que para tal tenha que estabelecer um amplo arco de alianças e uma guerra de posições. Nesse raciocínio, há que se ter a identificação precisa dessa classe fundamental e de seus inimigos, previamente ao jogo político (LACLAU; MOUFFE, 2001).

Com isso, há uma ideia de que o conhecimento serve a um dado projeto de sociedade, podendo ser percebido então o entrelaçamento das duas concepções mencionadas anteriormente: a de repertório de bens simbólicos constituído por um dado processo hegemônico e a de sociedade, como um todo estruturado em classes sociais, passível de ser compreendida por uma estrutura econômica que a constitui. Essa interpretação se sustenta em uma concepção estrutural da sociedade, na qual significantes como dominante, dominado, conhecimento, classe social, hegemonia e ideologia fazem referência. Há um sujeito centrado, que se pode conscientizar e se desalienar, de forma a atuar na contra-hegemonia, mas há, sobretudo, uma estrutura de classes sociais e econômica que sustenta a constituição desse sujeito, do conhecimento e da própria articulação hegemônica.

Com o advento das perspectivas pós-estruturalistas, é justamente a concepção de estrutura que é abalada. O entrelaçamento entre currículo e sociedade pode ser, então compreendido no âmbito de relações desestruturadas, como passo a destacar.

CURRÍCULO COMO PRODUÇÃO CULTURAL EM SOCIEDADES DESCENTRADAS

Com o pós-estruturalismo, deixamos de conceber estruturas plenas, com fundamentos sólidos, e passamos a falar em estruturas falidas: estruturas sem uma base obrigatória capaz de garantir uma integridade e um fechamento final. O fundamento

[7] Não cabe neste artigo discutir toda a gama de sentidos conferida ao termo proletariado, desde a definição etimológica de aquele que só tem a posse de seus próprios filhos (ver a origem do latim *proles*, filho ou descendente) até às discussões mais complexas de Hardt e Negri (2001), que situam o conceito hoje como vinculado não apenas à classe operária industrial, mas a todos os que são subordinados e, consequentemente, explorados pelo capital, produzindo segundo suas normas. Cabe marcar, apenas, que em todas elas há a pressuposição de um fechamento definitivo de sentido para o termo, a partir de uma dada compreensão da estrutura social.

da estrutura é um espaço vazio, o que faz com que as estruturas – social, cognitiva, psíquica, econômica – sejam concebidas com um caráter de falta constante, de ausência de plenitude. A ordem social depende, então, de relações hegemônicas precárias para ser significada. Não há como representar plenamente o todo social, significar a sociedade de uma vez por todas. Há sempre um excesso de sentido a ser simbolizado, pois os jogos de linguagem produtores de novos sentidos são incessantes. Na ausência de determinações em última instância, temos uma sobredeterminação[8] da qual não conseguimos dar conta plenamente. Isso porque novos jogos de linguagem podem produzir novas significações contingentes capazes de implodir o fechamento discursivo que nos permitiu produzir uma dada significação de sociedade.

Sendo a estrutura falida, sem um centro que a defina, desestruturada, os processos de significação provisórios, necessários à política e à comunicação, dependem da negociação de sentidos. O sentido do que escrevo neste texto depende de um contexto, de uma relação com quem o lê e dos acordos que temos, ou julgamos ter, em relação ao que falamos. Esses acordos são garantidos por uma dada articulação hegemônica que tenta estabelecer um centro provisório e contingente na estrutura falida[9]. Por isso, a ideia de estrutura é substituída pela ideia de discurso. Há estruturações e reestruturações discursivas que são decorrentes de articulações hegemônicas, portanto, decorrentes de ações políticas capazes de engendrar processos de significação.

Como já afirmei em outro texto (LOPES, 2006), o discurso não se reduz à linguagem, mas abarca o conjunto da vida humana social significativa, incluindo a materialidade das instituições, práticas e produções econômicas, políticas e linguísticas. É pelo discurso, também concebido como prática, que significamos e somos significados. Todas as palavras, com as quais nos comunicamos, requerem uma experiência compartilhada que garanta algum nível de compreensão mútua e, portanto, algum nível de acordo e de identificação de conflitos e/ou discordâncias. Mas essa experiência só pode ser compartilhada discursivamente, pois temos que ter algum nível de acordo em relação à linguagem comum para compreender tais experiências. A experiência não é um "contato com a realidade", mas é sempre contingente e mediada pela linguagem.

---

[8] A sobredeterminação, genericamente falando, refere-se à existência de múltiplas determinações em um evento, de maneira a não ser possível definir uma causa única para a ocorrência desse evento.

[9] Mas tais acordos não impedem que o deslizamento de sentidos nos significantes permaneça operando.

Essa perspectiva modifica também a forma como compreendemos o currículo, na medida em que esse significante é inserido em um enfoque discursivo. Currículo, bem como os demais significantes a ele associados – conteúdos, conhecimento, cultura, avaliação, professor, aluno, dentre muitos outros – são significados de determinada maneira por estarem inseridos em uma formação discursiva decorrente de lutas políticas pela significação. A formação discursiva é o conjunto de discursos articulados por meio de diferentes práticas hegemônicas. Entendê-la implica entender um processo hegemônico: como são definidos os termos de um debate político, quais agendas e ações são priorizadas, que instituições, diretrizes, regras e normas são criadas, quais diagnósticos são realizados e quais soluções são pensadas. São, portanto, construções discursivas de sujeitos descentrados em sociedades sem fundamentos fixos, soluções negociadas, precárias e provisórias, mesmo quando essa provisoriedade nos parece de tão longa duração que nos iludimos julgando-a eterna.

Mas se os sujeitos também são descentrados, não podem ser definidos *a priori*. Sua constituição depende das decisões tomadas no processo político, portanto, depende das demandas que são articuladas no discurso hegemônico (Laclau, 2005). Investigar as políticas implica, assim, investigar as demandas que são postas em jogo na disputa política. As demandas são elementos diferenciais hibridizados ao mesmo tempo que se tornam momentos de um discurso hegemônico e, como tal, são transformados no processo articulatório. Ou seja, ao mesmo tempo que são articulados em um dado discurso, que, de forma contingente e provisória, fixa determinados sentidos e significados em uma representação da política. Essa articulação é possível, na medida em que as demandas diferenciais se tornam equivalentes em relação a um dado exterior constitutivo antagônico[10].

Retomando uma discussão apresentada em Lopes (2008), para ser possível constituir uma totalidade significativa, é preciso definir os limites dessa totalidade por intermédio de sua relação com algo que é diferente dela, uma diferença que lhe é exterior (LACLAU, 2005). Essa diferença proveniente da totalidade diferencial é assim um exterior contra o qual todas as outras diferenças incluídas na totalidade se antagonizam. É por esse antagonismo em comum que as diferenças se tornam equivalentes entre si, ainda que nunca iguais. Mas para que a equivalência se constitua

[10] Para maiores desenvolvimentos sobre a minha leitura do antagonismo, ver Lopes (2008 e 2010). Para essa discussão na teoria do discurso, ver Laclau (2005, 2011).

como tal, há necessidade de significantes vazios organizados em uma totalidade discursiva que possam ser preenchidos, precária e contingencialmente, pelos diferentes elementos do processo articulatório.

Por isso Laclau (2011) insiste na importância dos significantes vazios para a política. O esvaziamento e o hibridismo de sentidos cada vez mais amplos, característico de determinados significantes na política, não é uma perda, uma distorção nem tem nenhum sentido negativo. Para que a cadeia de equivalências seja cada vez mais ampla e assim se institua uma articulação hegemônica, há necessidade de significantes nos quais flutuem sentidos tão diferentes que sejam capazes de incluir demandas as mais distintas no processo político. Por essa flutuação de sentidos nos significantes, eles se tornam cada vez mais vagos e imprecisos: de tão cheios de sentidos, se esvaziam de significado. Como exemplo, basta pensar nos sentidos de justiça social, igualdade, emancipação, liberdade nos próprios discursos curriculares ou nos discursos políticos em geral.

Nessa articulação, as demandas em jogo se modificam e são instituídas decisões por esta ou aquela modificação nas demandas, produzindo os processos de identificação dos sujeitos. Simplificadamente falando, não é possível identificar os sujeitos atuantes na política pela identificação de seu passado, sua história, sua filiação a um partido ou movimento social, a uma classe social, gênero ou raça, mas pela decisão tomada em relação a determinadas demandas no processo articulatório que desenvolve a política.

Proponho, então, pensar o mesmo para o currículo, entendê-lo como uma produção discursiva decorrente de um dado processo articulatório, no qual determinadas demandas sociais relacionadas à formação – conhecimento, valores, atitudes, atendimento a fins sociais, controle – são inseridas e hibridizadas. Em síntese, é possível considerar que todo currículo é uma luta política por significação. Afirmações como "saberes dominantes e saberes populares", "sujeitos que selecionam e sujeitos que são submetidos a uma seleção, podendo apenas resistir a ela", "saberes historicamente construídos raízes e saberes tradicionais", típicas das abordagens curriculares críticas, pressupõem posições fixas na luta política. É como se existissem sujeitos com identidades fixas vinculadas a cada uma das categorias de saberes, como se esses antagonismos entre saberes e sujeitos não se modificassem no decorrer da própria luta pela significação da cultura. O currículo não é fixo, um produto de uma luta fora da escola para significar o conhecimento legítimo, não é uma parte legitimada da cultura que é transposta para a escola, mas é a própria luta pela produção do significado, a própria luta pela legitimação. É possível então considerá-lo como uma luta política pela produção de cultura.

Se é uma produção de cultura, não cabe falar em disputa pela seleção de conteúdos, mas disputas na produção de significados na escola. Uma disputa que não antecede a produção do currículo, mas é a própria produção do currículo. Essa disputa não é restrita à escola, mas vincula-se a todo um processo social que tem a escola como um lócus de poder importante, mas que não se limita a ele. Uma das formas de estar nesta disputa é por meio do discurso da qualidade da educação: determinados sentidos e significados são construídos para o currículo por meio da associação desse currículo a um projeto de qualidade. Com isso, passo à discussão do que está sendo chamado de qualidade.

QUALIDADE NO CURRÍCULO, CURRÍCULO DE QUALIDADE

Como destacado na primeira parte deste texto, uma das discussões introduzidas pelas perspectivas críticas de currículo é a de problematizar o que se entende por qualidade, questionando o aparente consenso que se estabelece quando se defende qualidade para a educação ou uma educação de qualidade. São perguntas usuais dessa perspectiva: qualidade para quem? Para quais finalidades? Existe uma mesma qualidade da escola pública para as classes dominantes e para as classes dominadas? Para os homens e as mulheres? Para os heterossexuais e para os homossexuais? Para a esquerda e para a direita? Qual projeto de sociedade é defendido por um currículo de qualidade?

Nessa abordagem é feita a suposição de que existem projetos fixos de sociedade em disputa, cabendo, portanto, pensar na qualidade também por meio de concepções fixas associadas a cada um desses projetos. Nessa perspectiva, diferentes grupos sociais defendem diferentes projetos de sociedade, para os quais há diferentes projetos de currículo, e cabe contrapor um projeto ao outro, analisar quais são as finalidades mais democráticas. Tal interpretação é coerente com a concepção de que a sociedade é um todo estruturado que demarca as posições dos sujeitos e dos saberes na estrutura social.

Considerando, no entanto, a perspectiva pós-estrutural com sujeitos descentrados e a sociedade sem fixações plenas, tais questões perdem o sentido. Em meio às múltiplas reivindicações sociais em relação à educação, e ao currículo mais especificamente, as posições de quem defende esta ou aquela demanda não são fixas. Na política, como argumentei, os sujeitos vão se constituindo a partir das articulações que desenvolvem, nas quais há traços de suas histórias e seus múltiplos processos sociais de identificação – como cidadãos, professores universitários, pesquisadores, professores da educação básica, homens, mulheres, negros, brancos, filiados ou não aos movimentos sociais – que vão sendo hibridizados aos novos processos de representação desenvolvidos. Mais complexo ainda o processo de torna, caso seja considerado que todas essas identificações sociais listadas e tantas outras mais que possamos citar também são híbridos culturais decorrentes de articulações hegemônicas, também são precárias, instáveis, ambíguas. Também esses traços considerados históricos são negociações que fazemos no sentido de alguma fixação do passado no presente. Também são decorrentes que do como inventamos no presente o que em breve será considerado como passado no qual diremos nos fundamentar.

Essa interpretação, por exemplo, permite outro entendimento para a atuação de representantes sociais nas políticas de currículo. Por que determinadas pessoas ao assumirem cargos públicos, ao atuarem no contexto de produção de textos, ao serem consultores de políticas de currículo mudam seus projetos, seus discursos, suas práticas? É possível continuar dizendo que eles traíram suas convicções, sua história, traíram, com toda a indefinição presente no "nós" embutido nessa expressão. Mas esta é uma interpretação simplificadora de um processo mais complexo relacionado aos obrigatórios processos de negociação de sentidos desenvolvidos nas articulações políticas. Não descarto que a utilização do argumento de traição pode ser uma estratégia de luta hegemônica, uma retórica utilizada nas disputas nas quais estamos inseridos. Mas teoricamente considero ser necessário entender como e porque certas traduções/traições são feitas, quais as articulações foram desenvolvidas, que decisões foram tomadas e porque, quais as articulações desenvolvidas, que decisões são tomadas e porque, quais identificações são construídas. Com essa opção teórica não considero que a crítica à atuação de nossos representantes, nos mais variados níveis, é eliminada. Ao contrário, ela pode ser intensificada pela compreensão e identificação de quais são as decisões tomadas, as articulações construídas e as finalidades pretendidas.

Em se tratando mais particularmente da discussão de qualidade do currículo da escola pública, considero ser possível nos inserirmos nas lutas por hegemonia desestabilizando as usuais perguntas da perspectiva crítica, por meio da compreensão de que negociamos o tempo inteiro como entendemos essa qualidade. Com base na teoria do discurso, brevemente apresentada neste texto, proponho que atuemos nessa luta por significação que é o próprio currículo, pensando **a qualidade do currículo**

da escola pública como um significante vazio. Os significados que colocamos nesse significante vazio dependem de lutas contextuais, portanto são sempre provisórios, dependem das negociações de sentidos, muitas vezes conflituosas, que fazemos não apenas na escola, mas também no congresso, nas eleições, após as eleições, nos distintos projetos que encaminhamos para a educação, nos movimentos sociais, nas pesquisas de currículo. Cada um de nós pode assumir diferentes concepções sobre como "preencher" esse significante vazio, mas a definição dessa qualidade não depende apenas do que acreditamos e do que queremos, mas depende de inúmeras negociações de sentidos a serem feitas, inclusive por quem vem depois de nós. Isso não impede a defesa de determinados projetos de sociedade, mas implica entender esses projetos como construção constante e não como uma significação fixa *a priori* a ser alcançada no futuro.

Dessa maneira, nesse processo vamos estar sempre construindo o que entendemos como "nós", o que aglutina certas pessoas em torno de determinadas demandas contextuais e contingentes e o que aparta outras pessoas desse grupo. Estaremos sempre construindo como operamos na política com essa categoria "nós" contra a categoria "eles" (os outros, os que são contra nós).

Volto então à pergunta do título: a qualidade da escola pública é uma questão de currículo? Se considerarmos que essa qualidade é um significante vazio e o currículo uma produção cultural, vamos responder que na disputa pela significação da qualidade está a disputa pela significação do currículo. Esse é um processo que estamos desenvolvendo o tempo todo: como atores sociais, temos reivindicações em relação ao currículo e lutamos para significá-lo a partir daquilo que consideramos como importante ser ensinado, com as concepções que temos sobre o mundo, ou julgamos ter, sobre a forma como queremos transformar o mundo, em relação aos valores que temos e as finalidades sociais que pretendemos. Concepções, valores e finalidades que vão se modificando no próprio processo de lutar politicamente em sua defesa. Lutas nas quais também incorporamos nossos interesses, as vantagens que alcançamos, nossas paixões e afetos, muitos dos quais sequer sabermos definir com clareza. Dessa maneira, nossas reivindicações não são estáveis, o ponto do qual partimos nem sempre é bem definido e é sempre uma questão de poder Mais que isso, nos tornamos sujeitos sociais na política de currículo quando tomamos posição frente a essas demandas e, assim, decidimos nos inserir em uma dada cadeia articulatória. Construímos e negociamos o que queremos em uma luta política incessante e dessa forma construímos e negociamos o que somos.

Assim, a qualidade da educação é uma questão de currículo, caso consideremos essa qualidade e esse currículo como projetos a serem construídos, sem certezas, sem uma resposta única possível, pois são múltiplos os contextos que produzem sentidos para essa qualidade. Seria possível considerar que a ausência de certezas pode acarretar certa paralisia, na medida em que impede a formação de utopias mobilizadoras. Entendo que essa tendência só se desenvolve se for considerada uma lógica das diferenças e da contingência, como fazem algumas perspectivas pós-modernas, sem nenhuma possibilidade hegemônica, articulada. Não é essa a proposta aqui defendida. Assumir a possibilidade de equivalências provisórias e precárias entre as diferenças permite a mobilização por um projeto hegemônico. Também nos abre possibilidades mais democráticas, pois o projeto de futuro torna-se possível, mas não obrigatório. É a ausência de obrigatoriedade nesse futuro que nos permite inventá-lo hoje, ao invés de tê-lo como horizonte fixo a ser alcançado. Assim, simultaneamente ao processo de significar a qualidade do currículo vamos construindo a significação de um projeto de sociedade democrática.

REFERÊNCIAS

AÇÃO EDUCATIVA. *Indicadores de qualidade*. Brasília: INEP; UNICEF; PNUD, 2004.

APPLE, M.; KING, N. R. Qué enseñan las escuelas?. *In*: GIMENO SACRISTÁN, J.; PÉREZ GÓMEZ, A. *La enseñanza y su práctica*. Madrid: Akal, 1989. p. 37-53.

APPLE, Michael W. Currículo e poder. *Educação e Realidade*, Porto Alegre, v. 14, n. 2, 1989.

APPLE, Michael W. Podem as pedagogias críticas sustar as políticas de direita? *Cadernos de Pesquisa*, n. 116, p. 107-142, jul. 2002. Disponível em: <www.scielo.br>.

BALL, Stephen. *Educational reform*: a critical and post-structural approach. Buckingham: Open University Press, 1994.

BORGES, Jorge Luis. Agosto, 25. *In*: *La memoria de Shakespeare*. Buenos Aires, Emecé, 2010. p. 9-17.

BRASIL. Parecer 07 de 07 de abril de 2010. Diretrizes nacionais gerais para a educação básica. Brasília: Ministério da Educação; Conselho Nacional de Educação; Câmara de Educação Básica, 2010b.

BRASIL. Parecer 08 de 05 de maio de 2010. Brasília: Ministério da Educação; Conselho Nacional de Educação; Câmara de Educação Básica, 2010a.

DOURADO, Luiz Fernandes; OLIVEIRA, João Ferreira de. A qualidade da educação: perspectivas e desafios. *Cadernos Cedes*, Campinas, v. 29, n. 78, p. 201-215, maio/ago. 2009.

DOURADO, Luiz Fernandes; OLIVEIRA, João Ferreira de; SANTOS, Catarina de Almeida. *A qualidade da educação*: conceitos e definições. Brasília: Instituto de Estudos e Pesquisas Educacionais Anísio Teixeira; INEP, 2007.

FRANCO, Creso; ALVES, Fátima; BONAMINO, Alicia. Qualidade do ensino fundamental: políticas, suas possibilidades, seus limites. *Educação e Sociedade*, v. 28, n. 100, p. 989-1014, out. 2007.

HARDT, Michael; NEGRI, Antonio. *Império*. Rio de Janeiro: Record, 2001.

HOWARTH, David; NORVAL, Aletta; STAVRAKAKIS, Yannis. *Discourse theory and political analysis*. Manchester: Manchester University Press, 2000.

LACLAU, Ernesto. *La razón populista*. Buenos Aires: Fondo de Cultura Económica, 2005.

LACLAU, Ernesto. *Emancipação e Diferença*. Rio de Janeiro: EdUerj, 2011.

LACLAU, Ernesto; MOUFFE, Chantal. *Hegemony and socialist strategy*. Londres: Verso, 2001.

LOPES, Alice Casimiro. Cultura e diferença nas políticas de currículo: a discussão sobre hegemonia. *In*: PERES, E. *et al.* (Org.). *Trajetórias e processos de ensinar e aprender*: sujeitos, currículos e cultura. Porto Alegre: EdiPUC-RS, 2008. v. 1, p. 59-78.

LOPES, Alice Casimiro. Currículo, política, cultura. *In*: SANTOS, Lucíola *et al.* (Org.). *Convergências e tensões no campo da formação e do trabalho docente*. Belo Horizonte: Autêntica, 2010. v. 1, p. 23-37.

LOPES, Alice Casimiro. Discursos nas políticas de currículo. *Currículo sem Fronteiras*, v. 6, p. 33-52, 2006.

LOPES, Alice Casimiro; MACEDO, Elizabeth, *Teorias de currículo*. São Paulo: Cortez, 2011, p. 280.

MOREIRA, Antonio Flavio; KRAMER, Sonia. Contemporaneidade, educação e tecnologia. *Educação e Sociedade*, Campinas, v. 28, n. 100, p. 1037-1057, out. 2007.

SANTOS, Lucíola; MOREIRA, Antonio Flavio. Currículo: questões de seleção e de organização do conhecimento. *Idéias*, São Paulo, n. 26, p. 47-65, 1995.

WILLIAMS, Raymond. The analysis of culture. *In*: *The long revolution*. London: Harmondsworth; Penguin Books, 1961. p. 66-70.

A QUALIDADE DA ESCOLA PÚBLICA: A CONTRIBUIÇÃO DOS PROFESSORES E DE SUA FORMAÇÃO

LUCÍOLA LICINIO SANTOS

INTRODUÇÃO

Na primeira década do século XXI, a divulgação do resultado dos testes de desempenho escolar dos alunos, sobretudo das escolas públicas, colocou em destaque a questão da qualidade da educação. Foi muito repetida a observação de que, se já estava garantido o acesso, era preciso então ampliar a permanência dos alunos na escola, por meio da oferta de uma educação de qualidade. O Saeb, o Enem, a Prova Brasil[11] e o sistema de avaliação de diferentes estados vêm mostrando que, embora nos últimos anos tenha ocorrido uma melhoria dos resultados, ainda é muito baixo o desempenho escolar dos alunos brasileiros. Nesse cenário, o professor se encontra na berlinda, ora como vítima, pela grande responsabilidade que assume em troca de um baixíssimo salário de uma profissão sem prestígio, ora como herói, que trabalha

[11] O Sistema Nacional de Avaliação da Educação Básica (Saeb) e a Prova Brasil são exames que se complementam, sendo o primeiro amostral e o segundo censitário. O Exame Nacional do Ensino Médio (Enem) vem substituindo a primeira etapa das provas do vestibular das universidades federais.

por amor, dedicando-se à educação de crianças e adolescentes, ora como vilão, ao ser responsabilizado pelo fracasso escolar dos alunos, creditado ao seu despreparo profissional.

Espera-se que a escola pública ofereça uma educação de qualidade, capaz de garantir o direito à educação básica, de acordo com o que estabelece a legislação do País. Para isso, são necessárias duas frentes de trabalho: a primeira diz respeito às medidas voltadas para a melhoria das condições de vida da população; a segunda se relaciona com a superação de problemas ligados aos fatores intraescolares responsáveis pelo fracasso escolar dos estudantes. A primeira inclui políticas nas áreas de saúde, habitação e emprego, que proporcionem às famílias condições de garantir o bem-estar de seus filhos, requisito indispensável para uma educação de qualidade. A segunda coloca em foco a formação do professor, ao lado de outras questões fundamentais, que vão desde a melhoria da infraestrutura da escola até a oferta de salários e planos de carreira mais atraentes para os docentes.

Neste artigo, será discutida, primeiramente, a formação do professor no âmbito das políticas públicas e apresentado um perfil dos docentes brasileiros e de sua situação profissional; em seguida, serão levantados os desafios que essa formação vem enfrentando. Para finalizar são feitas algumas observações que mostram como os problemas nessa área são complexos e exigem trabalhos em várias frentes, não havendo, portanto, uma resposta única para superá-los. Argumenta-se que os dispositivos legais ampliaram demasiadamente o escopo desta formação, com ênfase na gestão, na pesquisa e na educação em espaços não escolares, encontrando nas faculdades de educação das universidades federais um terreno fértil para essa abordagem, uma vez que tais instituições secundarizam aspectos relativos à prática pedagógica do professor. Advoga-se também a ideia da necessidade e urgência de que aqueles que concebem a educação como um processo de formação sejam mais propositivos, ao se contraporem às políticas que se orientam por uma perspectiva economicista, que reduza melhoria da educação escolar ao melhor desempenho dos alunos em testes, objetivando aumentar a competitividade econômica do País.

POLÍTICAS EDUCACIONAIS E FORMAÇÃO DOCENTE

Ao se discutir a construção de uma escola pública de qualidade, é de fundamental importância analisar as políticas educacionais, para identificar as diferentes orientações a elas subjacentes e suas repercussões na formação docente.

Considerada como um fator estratégico no processo de desenvolvimento do capitalismo, a educação tem sido objeto de discussões, de programas e projetos levados a cabo por órgãos multilaterais de financiamento, como o Banco Internacional para Reconstrução e Desenvolvimento (BIRD), integrante do Banco Mundial (BM), e o Banco Interamericano de Desenvolvimento (BID), bem como por órgãos voltados para a cooperação técnica, como o Fundo das Nações Unidas para a Infância (UNICEF), e a Organização das Nações Unidas para a Educação, a Ciência e a Cultura (UNESCO) (CURY, 2002). Uma vez que esses organismos financiam e definem diretrizes que orientam políticas e projetos educacionais em diferentes partes do mundo, é importante observar sua participação nas políticas educacionais brasileiras.

Carnoy e Castro (1997), ao analisarem as políticas educativas na América Latina, observam que as reformas em curso foram impulsionadas por questões di--retamente relacionadas ao financiamento, à competitividade ou à equidade. Assim, foram implementadas ações objetivando a redução de despesas ou a utilização dos gastos de forma mais produtiva (financiamento), a melhoria da qualidade da mão de obra com vistas a tornar os países mais competitivos (competitividade), e a inclusão no sistema de ensino dos alunos pertencentes às camadas populares, procurando aumentar a -mobilidade e reduzir o desnível social (equidade). Segundo esses autores, em todas essas reformas houve preocupação com a melhoria da qualidade da educação, mas na maioria dos discursos que as sustentam percebe-se a intenção oculta de reduzir os gastos nessa área.

Este último aspecto é enfatizado por Torres (1996), ao apontar que muitos dos que fundamentam as orientações do Banco Mundial (BM) para a educação relacionam-se, direta ou indiretamente, à redução de custos e a melhorias na gestão de recursos, tais como: elaboração de currículos sintonizados com as demandas do mercado; centralidade da educação básica, com redução de gastos com o ensino superior; ênfase na avaliação do ensino em termos dos produtos da aprendizagem e do valor custo/benefício; centralidade da formação docente em serviço, considerada mais necessária e de menor custo, em detrimento da formação inicial; autonomia das escolas com o maior envolvimento das famílias, ao lado do desenvolvimento de políticas compensatórias voltadas para os portadores de necessidades especiais e para as minorias culturais. Apesar da amplitude dessas reformas, de sua incidência em aspectos pedagógicos e do funcionamento das instituições escolares, há em todas elas um viés econômico, marcado pelas ideias de custo-benefício e pela necessidade de introduzir no sistema público educacional uma eficiência transplantada do campo empresarial.

Na década de 1990, contrapondo-se às diretrizes políticas do Banco Mundial e do governo central, foram desencadeadas em alguns estados e municípios brasileiros diferentes propostas de reformas educacionais alinhadas com os ideais dos chamados educadores críticos. Tais políticas colocam como seu eixo estruturante a democratização da educação e são dirigidas por um princípio básico, que é a inclusão escolar dos alunos das camadas populares. Em suas diretrizes, definem a educação como um processo de formação humana. Assim, em consonância com as reivindicações dos movimentos sociais, abriu-se espaço para o desenvolvimento de um movimento de renovação pedagógica[12] que, orientada por propostas da chamada pedagogia crítica,[13] advoga: a) a instauração de processos participativos, por meio da inserção da comunidade escolar na administração das unidades de ensino; b) a criação de novas formas de organização do ensino, com a introdução no âmbito do currículo de novos conteúdos e de novas práticas pedagógicas, com ênfase na integração dos conteúdos curriculares; c) uma nova visão da profissão docente, que, além de ampliar os níveis de participação e de decisão do profissional da educação, propõe que este deva orientar seu trabalho por uma reflexão crítica sobre sua prática e por compromissos éticos relacionados à superação dos mecanismos intraescolares responsáveis pela exclusão dos estudantes das camadas populares (YOUNG, 1971, 2007; APPLE; BEANE, 1997; GIROUX, 1997; SACRISTÁN, 2001; PACHECO, 2002; WHITTY, 2002; MOREIRA, 2010).

Paralelamente, governos mais conservadores, seus representantes e adeptos nas esferas nacional e local vêm defendendo reformas na educação que se baseiam nos pressupostos da reforma do Estado. Tais pressupostos assentam-se nas ideias de

[12] A Escola Plural (Belo Horizonte), a Escola Cidadã (Porto Alegre), a Escola Candango (Distrito Federal), entre outras, são exemplos de políticas resultantes desse movimento.

[13] Muitas vezes foram utilizadas neste trabalho expressões como pedagogia crítica, educadores críticos, sem uma definição do sentido em que estas expressões estão sendo utilizadas. De forma bem sintética, essas expressões englobam, de acordo com Bernstein, as propostas pedagógicas que enfatizam os processos de aquisição de conhecimentos, habilidades e valores pelos alunos, em vez de centrarem-se nos processos de transmissão. No entanto, seria importante, hoje, acrescentar outras características para classificá-las, uma vez que a centralidade nos processos de aprendizagem tornou-se um terreno comum no campo pedagógico. Logo, além desse aspecto, o adjetivo crítico ou progressista é utilizado aqui para as propostas pedagógicas que dão ênfase ao compromisso político da educação, seu compromisso com a escolarização das camadas populares e com a visão da educação como um processo relacionado à emancipação dos segmentos e grupos marginalizados e discriminados, tanto do ponto de vista econômico quanto social e cultural.

que: a) a descentralização da gestão administrativa possibilita o aumento da eficácia e da eficiência do funcionamento das escolas e facilita o processo de prestação de contas baseado no conceito de responsabilidade (*accountability*); b) a instalação de um amplo sistema de avaliação do desempenho dos alunos, que aponte problemas presentes na educação, aumenta a competitividade do sistema, ao desencadear um processo de busca por melhores resultados; c) o estabelecimento de metas claras a serem cumpridas por cada órgão, unidade e pelo pessoal que atua no sistema público define padrões de desempenho e constrói parâmetros para os processos de avaliação, definindo referências para o escalonamento salarial; d) a qualificação dos professores – exigência aos docentes das séries iniciais de formação em nível superior e, ao mesmo tempo, investimento na formação continuada de professores – deverá ser acompanhada pela instalação de um sistema de avaliação voltado tanto para os cursos de formação como para o desempenho do professorado (TORRES, 1996, CARNOY; CASTRO, 1997; BARRIGA, 2001).

É importante esclarecer que neste trabalho está sendo feita uma polarização em torno de duas tendências que não se apresentam de maneira tão distinta na prática. O que de fato ocorre é que nos projetos educacionais, quando analisados no terreno em que se desenvolvem, podem ser identificadas matrizes de ordem filosófica e política de tendências diferentes, que se chocam ou se combinam em um mosaico de diferentes matizes com desenhos singulares, sendo quase impossível enquadrá-los em um determinado modelo teórico.

Neste momento, quando em diferentes países há uma grande preocupação em melhorar o desempenho escolar em todos os níveis de ensino, a formação do professor tem sido objeto de políticas públicas, de pesquisas, conferências, seminários e de diversos tipos de publicação, que vão desde relatórios e cartas de compromisso resultantes de eventos e de reuniões organizadas por organismos internacionais, até dissertações, teses, livros e artigos acadêmicos voltados para diferentes questões e propostas em circulação no campo. Há cerca de duas décadas, uma vasta literatura vem abordando, entre outros temas, a questão das reformas educacionais e da formação docente (CORREIA, 1991; PACHECO, 2003; POPKEWITZ, 1997, 2001; BALL, 1994, 2001; APPLE, 2003; WHITTY, 2002; BARROSO, 2003). Nesses trabalhos acadêmicos, têm sido identificados e analisados os aspectos negativos decorrentes das políticas educacionais dirigidas por uma visão mercantilizada da educação, alinhada a posições políticas conservadoras e a programas dos partidos políticos de direita.

No campo da formação, em termos da qualificação e do trabalho docente, as posições assumidas podem ser descritas como tributárias de duas tendências, cujas características, na prática, aparecem sempre mescladas, ora com a predominância em um polo, ora noutro ou imersas em ambos, sem que se distinga a posição predominante. De um lado, defende-se maior controle sobre a formação e o trabalho docente; de outro, advoga-se a autonomia dos professores como condição de uma docência crítica e comprometida com valores éticos.

Na ótica da primeira tendência, a qualificação profissional passou a se associar diretamente à ascensão na carreira, e o tempo de serviço, como critério para promoções e aumento salarial, foi substituído pela frequência aos cursos de formação. Ao lado disso, os exames de certificação já implantados em alguns países da América Latina têm sido utilizados para acesso à carreira e também como instrumentos de promoção profissional, como é o caso do Chile. Há alguns anos tais políticas têm sido alvo de análises críticas. Após sua introdução nos Estados Unidos, Melnick e Pullin (2000), por exemplo, as criticaram duramente, argumentando que os testes de credenciamento de professores (*Tests for Educator Licensure*), realizados após a conclusão do curso e implementados inicialmente no estado de Massachusetts, em 1989, e posteriormente utilizados em 40 estados, representam uma ameaça à profissão. Para esses autores, os referidos testes se orientam por uma visão técnica e utilitarista da educação, o que já coloca um sério problema em relação à formação do docente. Além disso, como desde a primeira vez em que foram aplicados os resultados ficaram em torno de 50% de aprovação, os gestores do sistema estão propondo o ingresso na carreira docente de pessoas sem formação específica no campo do magistério e estimulando as escolas a oferecer programas preparatórios para quem quiser se tornar professor. Segundo Melnick e Pullin (2000), essas medidas irão modificar substancialmente todo o sistema de formação inicial do docente e certamente levarão a uma desqualificação da profissão.

Outras medidas estão sendo implementadas, a partir da visão dos que defendem maior controle sobre o professor como, por exemplo, o pagamento baseado no desempenho. Segundo Dolton e colaboradores (2003), essa medida tem levado os professores a se voltarem para o ensino de conteúdos e a deixar de lado outros aspectos da formação dos estudantes, já que seu desempenho será avaliado pelos resultados dos alunos nos testes. Esses autores enfatizam ainda a possibilidade de vieses nos processos de avaliação dos professores, pois o papel-chave desempenhado pelos diretores nesses processos e as relações sociais estabelecidas entre docentes e a direção podem levar a favoritismos e a punições. Quando as relações do cotidiano estabelecem redes de amizade e de resistências entre o corpo docente e a direção da escola, torna-se difícil uma avaliação objetiva e imparcial. Carnoy e Castro (1997) já observaram que, nos países em que a avaliação das escolas está associada ao desempenho dos estudantes, os alunos mais fracos academicamente são dispensados de comparecer aos exames para melhorar o desempenho médio da instituição. No mesmo sentido, Damasceno (2010) relata que, no estado do Acre, algumas escolas treinam os alunos, mesmo os das séries iniciais, e aplicam exames simulados para que tenham bom desempenho nos testes nacionais.

Também é importante considerar que mudanças na formação docente têm como limite os próprios interesses e valores que orientam o professorado e que presidem a cultura das escolas. Para analisar esses interesses e valores, é preciso identificar e observar os novos elementos que se infiltram, com grande vigor, nos sistemas de ensino para gerenciá-los de forma mais eficiente. Essas novas formas de gerenciamento não são exclusivas dos sistemas de ensino, mas encontram-se disseminadas nos diferentes setores do sistema público. Segundo Elliot (2001), apesar de descentralização e autonomia organizacional serem ideias básicas nesse novo tipo de administração, elas facilitam um novo tipo de controle regulador que, paradoxalmente, concentra o ato de governar nas esferas mais altas do processo.

Os diferentes e reiterados tipos de críticas aos chamados *ineficientes sistemas burocráticos de governo* possibilitaram e legitimaram a penetração crescente de uma nova lógica de administração derivada do setor privado. Essa nova lógica lentamente vai introduzindo formas muitas vezes bastante sutis de privatização, mas seu elemento-chave é a análise do desempenho de pessoas e de instituições. A garantia da implementação de políticas que se estruturam e se desenvolvem com base na cultura do desempenho é garantida pela criação do Estado Avaliador. De certa forma, pode-se dizer que, valendo-se de argumentos que atraem o interesse público pelos seus apelos democráticos, esse tipo de estado exerce seu papel com a adesão de grandes setores da população. A emergência e o desenvolvimento do Estado Avaliador são justificados e legitimados como uma importante maneira de tornar transparente ao público a forma como as instituições atuam e utilizam os recursos públicos.

Em diversos países, nos diferentes níveis de ensino, o desempenho das escolas e dos professores é avaliado tomando-se como referência tecnologias de auditoria que utilizam um sistema de testes e de inspeção. Elliot (2001), baseando-se em Lyotard, afirma que, em uma cultura do desempenho, a *qualidade* é definida como a melhor equação encontrada entre *inputs* e *outputs*. Assim, a qualidade é definida em função do dinheiro gasto, incorporando três características operacionais: economia, eficiência e efetividade.

Na mesma direção, Ball (2003, p. 218) denuncia a performatividade, como parte da cultura do desempenho, afirmando ser esta:

> uma tecnologia, uma cultura e um modo de regulação que emprega julgamentos, comparações e termina se revelando como meio de controle, de desgaste e de mudança. Os desempenhos dos sujeitos individuais e/ou das organizações servem como medida de produtividade ou *output*, ou expõem a qualidade, ou "momentos" de promoção ou inspeção.

O argumento central de Ball é que tal cultura, celebrando a possibilidade de expor a qualidade, termina apenas identificando a pior parte do trabalho das instituições de ensino e dos docentes. Na verdade, na cultura do desempenho, o que fica mais exposto à comunidade educacional e ao público em geral não são tanto os aspectos positivos das atividades das escolas, mas as falhas cometidas, aquilo que deixou de ser feito, sem, contudo, apresentar-se uma análise das circunstâncias em que as metas, os objetivos e os percursos para alcançá-los foram definidos e executados pelas instituições.

É importante ainda considerar que as tecnologias de auditoria pressupõem que o fornecimento de informações precisas sobre o funcionamento das organizações viabiliza-se por meio da construção dos indicadores de desempenho. Dessa forma, desempenhos que não possam ser medidos por tais indicadores vão perdendo sua importância no interior desse tipo de cultura. Uma avaliação do sistema de ensino que tem como referência de desempenho esses indicadores estandardizados termina por não permitir formas mais flexíveis e diferenciadas de trabalho pedagógico. Nesse sentido, aquilo que não for passível de ser mensurado e diretamente observável deixa de ter importância para esse tipo de avaliação. Paradoxalmente, a proposta de tornar transparente o desempenho das pessoas e das instituições termina por obscurecer, ao invés de revelar aspectos importantes do cotidiano das escolas. Na cultura do desempenho, constantemente, tanto a agenda do professor como a do aluno, no que diz respeito ao processo ensino-aprendizagem, têm de ser abandonadas diante do que foi definido pelas autoridades educacionais como indicadores de bom desempenho.

É necessário salientar que diferentes autores (BALL, 2001; ELLIOT, 2001) têm demonstrado que as escolas e os professores imersos na cultura do desempenho vão perdendo o interesse em trabalhar com atividades e aspectos que não estejam diretamente relacionados com os indicadores. Nesse contexto, os alunos terminam, desde os primeiros anos da educação fundamental, por serem treinados para obter bons resultados nos testes em lugar de serem educados no sentido amplo do termo.

Desse modo, a cultura da performatividade vai sutilmente instilando nos professores atitudes e comportamentos que os levam a assumir, gradativamente, total responsabilidade por todos os problemas ligados ao seu desempenho, tornando-os pessoalmente comprometidos com o bem-estar das instituições. Nesse cenário, os professores da educação básica apresentam, a cada dia, mais problemas de saúde, com alto índice de estresse, porque se sentem culpados por todas as falhas ocorridas no processo de escolarização de seus alunos. Eles se autoavaliam culpados, sentem como falta pessoal não terem conseguido fazer o que lhes foi imposto. É inegável que o professor tem responsabilidade em relação ao desempenho de seus alunos, mas grande parte dos problemas que enfrenta nesse campo é de ordem econômica, social e institucional, e não se relaciona apenas ao seu trabalho pessoal.

De forma distinta, coerente com a segunda posição, há uma vasta literatura que coloca como elementos centrais na formação do professor o desenvolvimento da autonomia e a valorização do trabalho docente (NÓVOA, 1992; PERRENOUD, 1993; DEMAILLY, 1995; HARGREAVES, 1998; TARDIF, 2000; CONTRERAS, 2002; PACHECO, 2003). Defendendo a autonomia do professor, ela abrange, entre outras propostas, a formação do professor pesquisador (ZEICHNER, 1998), a construção de redes de colaboração, a reestruturação dos cursos de formação, tendo como eixo a formação do profissional reflexivo, inspirada nos trabalhos de Schön (1982) e de seus seguidores, a formação do professor como intelectual (GIROUX, 1997), cujo trabalho estaria vinculado aos movimentos sociais de orientação emancipatória.

É neste cenário que as propostas mais progressistas ou mais conservadoras no sentido da democratização da educação têm colocado ênfase na formação do professor. Se, para os primeiros, essa formação é peça fundamental para que a educação seja realmente um mecanismo de inclusão social, para os últimos ela terá forte impacto nas escolas e na implementação das políticas por eles elaboradas.

O QUE DIZEM OS PROFESSORES E O QUE SE DIZ DOS PROFESSORES

Quando inquiridos sobre as dificuldades de promover a chamada educação de qualidade, os professores acusam o sistema, denunciando os baixos salários, a falta de suporte das escolas às atividades docentes, as permanentes mudanças de orientação dos órgãos centrais de ensino, que perturbam suas rotinas e suas formas de trabalho. Reclamam dos novos sistemas de promoção dos alunos, da organização em ciclos em substituição à seriação, da dificuldade de implementar as novas metodologias e das numerosas responsabilidades na gestão da escola, que incluem a participação no colegiado ou conselho escolar, na elaboração do projeto pedagógico e no crescente número de reuniões administrativas. Reclamam ainda das famílias, que dão muito pouco suporte aos filhos, delegando à escola toda a responsabilidade pela educação das crianças e adolescentes e descuidando de sua formação como indivíduos responsáveis e respeitosos no trato com seus semelhantes. Em contrapartida, as autoridades educacionais queixam-se frequentemente da dificuldade dos professores em adotar novas práticas, apontando artifícios por eles utilizados para burlar o sistema, como, por exemplo, a manutenção do sistema seriado, sob a roupagem do ciclo. São apontados ainda os altos índices de absenteísmo da categoria, o baixo interesse e a baixa participação do professorado em reuniões e encontros pedagógicos fora do horário escolar.

Mas quem são os professores? O que as pesquisas dizem sobre eles? A mais recente investigação que traça um perfil dos professores brasileiros, coordenada por Gatti e Barreto (2009), diz que, no Brasil, como nos países mais avançados, a docência representa uma alta percentagem do total dos empregos. Em 2006, 8,4% da totalidade de empregos registrados destinavam-se a professores. Dos quase três milhões de empregos no magistério (2.803.701, segundo a Relação Anual de Informações Sociais), 77% são de professores que atuam nas diferentes etapas da educação básica, trabalhando cerca de 30 horas semanais. Considerando todas as etapas e níveis de ensino, 88% dos professores exercem o magistério como ocupação principal e exclusiva. Como inúmeros trabalhos já mostraram, o magistério é uma profissão essencialmente feminina: cerca de 83% dos professores da educação básica pertencem ao sexo feminino e ao redor de 17%, ao sexo masculino, sendo que na educação infantil e séries inicias do ensino fundamental cresce o predomínio do gênero feminino. Somente no ensino médio há uma maior proporção de professores do sexo masculino, atingindo 33% do professorado que atua nesta etapa da educação.

Na educação básica, cerca de 39% dos docentes se declararam não brancos (negro, pardo e indígena), sendo que essa percentagem aumenta entre professores da educação infantil e do ensino fundamental, chegando a 42%.[14] Quanto à idade dos professores, encontra-se, no referido trabalho, uma tabela organizada por faixa etária (até 29 anos, de 30 a 37, de 38 a 45 e mais de 46 anos). Segundo essa tabela, os professores do ensino fundamental distribuem-se de forma bastante regular nas diferentes faixas etárias, apresentando uma taxa ao redor de 25% em cada uma delas, enquanto na educação infantil há maior concentração de professores jovens, com menos de 29 anos (cerca de 41%), e no ensino médio, maior concentração de professores com mais de 46 anos (cerca de 30%). Em relação ao nível de escolaridade, na educação infantil apenas cerca de 40% dos docentes têm curso superior, percentual que se eleva para cerca de 57% no ensino fundamental e 95% no ensino médio. É importante considerar que uma grande percentagem dos professores sem curso superior já se encontra matriculada nesse nível de ensino.

Sobre os cursos de Licenciatura, Gatti e Barreto (2009) mostram que, em 2006, estes cursos correspondiam a cerca de um terço de todos os cursos de graduação existentes no País. As autoras separam os cursos, denominando Licenciatura I os cursos destinados a formar professores para a educação infantil e séries iniciais do ensino fundamental, e Licenciatura II os cursos que formam professores para lecionar as disciplinas específicas das séries finais do ensino fundamental e do ensino médio. As autoras apontam que, de 2001 a 2006, houve um crescimento de 97,30% no número de cursos de Licenciatura I, enquanto as matrículas nesses cursos registraram um crescimento de 37,21%. No caso da Licenciatura II, o crescimento no número de cursos e de matriculas foi de 52,40% e 40%, respectivamente. Em 2006, por um lado, praticamente a metade (49,8%) dos alunos da Licenciatura II estavam matriculados em cursos da rede pública, ao passo que apenas 37,6% das matrículas nos cursos de Licenciatura I faziam parte dessa rede, incluindo as esferas federal, estadual e municipal. Mais de 80% dos alunos da Licenciatura I, matriculados em cursos da rede pública municipal e da rede privada, estudam no turno noturno, enquanto nas universidades federais apenas cerca de 31% dos estudantes de Licenciatura II e 29% da Licenciatura I frequentam cursos nesse turno.

[14] No trabalho acima mencionado as autoras informam que usaram dados da Pesquisa Nacional por Amostra de domicílio (PNAD), 2006.

O trabalho de Gatti (2009) e Barreto mostra ainda dados sobre a educação a distância. É impressionante o crescimento do número de cursos de graduação e de matrículas nos cursos a distância: em 2005, 76% dos cursos de graduação a distância eram de Licenciatura, e as matrículas nesses cursos correspondiam a cerca de 7% das matriculas em cursos de Licenciatura, com cerca de 78 mil alunos. O crescimento vertiginoso dos cursos a distância indica que a cada ano aumenta a percentagem de alunos que neles se matriculam para a obtenção de um diploma de professor.

DESAFIOS À FORMAÇÃO DOCENTE EM SERVIÇO

A cada instante se ampliam as funções da escola e, consequentemente, o papel do professor. Dependendo da ênfase que se dê ao papel da educação escolar, das metáforas criadas para definir a educação e das diferentes perspectivas que se tenha em relação ao magistério como profissão, o docente é visto como socializador de conhecimentos, formador de valores morais, modelador de subjetividades e mesmo como investigador e intelectual crítico.

Todas essas perspectivas reconhecem que a prática do professor é complexa, não apenas por envolver diversas habilidades como também por exigir que muitas delas sejam utilizadas simultaneamente. O professor, ao lecionar um determinado conteúdo, não tem apenas que dominar o conhecimento daquele campo, mas também saber ensiná-lo, subdividindo-o em tópicos, apresentando exemplos, fazendo analogias, criando atividades etc. Além disso, no momento em que trabalha em classe, terá que saber criar interesses, incentivar os desatentos, fazer perguntas desafiadoras e pertinentes, manter a disciplina, perceber dificuldades de aprendizagem, criar formas alternativas de ensino para os que não estão acompanhando a classe. Trata-se, portanto, de uma profissão que exige habilidades de várias ordens e que envolve elevada responsabilidade social e moral.

Em outras profissões, mesmo os cursos que não oferecem uma boa preparação para seu exercício acabam tendo no mercado um regulador da atividade profissional, uma vez que não se permite que profissionais inexperientes lidem com problemas mais complexos da profissão. Ninguém entrega uma causa complexa a um advogado inexperiente ou a construção de uma grande edificação a um noviço na profissão, ou uma cirurgia de grande porte a um médico sem experiência. Nessas profissões, geralmente, os iniciantes trabalham em equipes ou em escritórios dirigidos por profissionais com muitos anos de experiência. No entanto, os professores, cuja formação tem sido bastante deficiente, desde recém-formados e mesmo antes de se formarem, enfrentam escolas e classes que apresentam grande complexidade no que se refere ao ensino e a outros problemas que o afetam. Exigem-se do professor grandes habilidades, mas julga-se ou que elas são fáceis de adquirir ou que serão adquiridas com o tempo. Neste último caso, admite-se que somente professores com alguns anos de magistério estariam razoavelmente preparados para lidarem com as questões do cotidiano escolar, o que penalizaria os alunos para os quais lecionaram antes de alcançarem esse preparo.

Se é necessário melhorar a formação docente para se alcançar uma escola pública de qualidade, é preciso atuar em duas frentes: de um lado, qualificando e aperfeiçoando o quadro de profissionais em serviço; de outro, melhorando a formação inicial dos docentes. Ainda nesta seção, será abordada a formação em serviço e, na seção a seguir, serão discutidos alguns problemas referentes à formação inicial.

A Lei de Diretrizes e Bases, em suas disposições transitórias, estabeleceu que, no prazo de 10 anos, todos os professores das séries iniciais do ensino fundamental[15] deverão ter formação inicial em nível superior. Todos reconhecem que esse fato gerou uma grande procura para o ingresso em instituições de Ensino Superior por parte dos professores, bem como levou à criação de um grande número de cursos no sistema privado de ensino para atender a essa clientela. Também os gestores dos sistemas de ensino público estadual e municipal implementaram propostas de qualificação em serviço, buscando a melhoria do desempenho dos docentes e/ou dos diretores de escolas, no sentido de capacitá-los para atender às demandas postas pelas reformas educacionais. Além disso, foram criados programas de qualificação em serviço voltados para a habilitação dos professores em nível superior. Enquanto alguns estados promovem cursos de qualificação em serviço, geralmente a distância e com o apoio de universidades cujos docentes participam na elaboração de material e na tutoria, vários municípios estabelecem convênios com instituições de nível superior, trabalhando no período de férias com atividades presenciais, complementadas com atividades a distância. Pode-se observar ainda que estados e municípios vêm criando

[15] No Brasil, para as quatro primeiras séries do Ensino Fundamental era legalmente exigida apenas uma qualificação em nível de ensino médio, de caráter profissionalizante, tradicionalmente denominada de Ensino Normal. Atualmente, nos grandes centros, um número cada vez maior dos docentes desse nível de ensino tem formação superior.

já há alguns anos centros de formação de docentes, em que se desenvolvem cursos de média e curta duração, oficinas, palestras, seminários, congressos e se produzem publicações sobre temas variados. Tem sido dada especial ênfase a temáticas como integração curricular por meio do desenvolvimento de projetos interdisciplinares, trabalho em sala de aula com grupos com diferentes níveis de conhecimento, letramento, sexualidade e violência na escola.

Por reforçarem uma concepção pragmática e conteudista da educação, esses diferentes cursos e programas têm sido alvo de muitas críticas. Critica-se também o fato de estarem centrados na educação a distância (FREITAS, 2007), em que são utilizados materiais escritos, mídias interativas com intenso uso das novas tecnologias de comunicação, o que os diferencia completamente dos cursos regulares e presenciais, nos quais o estudante tem oportunidade de vivências que não se restringem às atividades de sala de aula, o que amplia seus horizontes e sua formação profissional. Acrescenta-se a isso o fato de os cursos a distância reforçarem o individualismo tão presente hoje na sociedade de consumo, uma vez que as atividades presenciais são muito limitadas. Os alunos de um curso presencial têm oportunidade de trabalhar em grupo, de se confrontar com pessoas que pensam diferente deles. Sobretudo, por meio de diretórios acadêmicos e grêmios acadêmicos, podem se engajar em atividades políticas e sociais, desenvolvendo o espírito de solidariedade e de reivindicação, além de terem maior possibilidade de participar de atividades culturais desenvolvidas nas instituições em que estudam.

Considerando a importância da formação continuada, enfatizo o papel fundamental da formação inicial para o desempenho da prática profissional, uma vez que é durante essa formação que o professor adquire as bases sobre as quais desenvolve seu conhecimento sobre a educação escolar e aprende como realizar seu trabalho na escola. No entanto, os professores e os alunos dos cursos de Pedagogia e das demais Licenciaturas queixam-se da precariedade dessa formação inicial. Acusam esses cursos de desconhecerem a realidade da escola pública e de fazerem pouca conexão entre o conteúdo teórico e a prática pedagógica.

DESAFIOS POSTOS À FORMAÇÃO INICIAL DOS DOCENTES

Como ninguém ignora, o sucesso escolar depende em grande parte do processo de construção do conhecimento nos anos iniciais de escolarização. O conhecimento adquirido nesses primeiros anos é a base que dará a sustentação a toda a aprendizagem futura. Todavia, no campo das políticas públicas, há os que defendem a ideia de que a formação inicial no caso do magistério possa ser "simplificada". Segundo Torres (1996) e Lauglo (1997), o Banco Mundial (BM), grande financiador de projetos educacionais, exercendo grande influência sobre as políticas públicas brasileiras, tem priorizado a educação continuada à educação inicial do professor. Essa prioridade se fundamenta em questões econômicas, pois, segundo o BM, a formação em serviço apresenta-se como uma forma mais econômica e eficiente de formar profissionais para a educação. Para os que defendem a primazia da formação continuada, essa é a melhor forma de preparar o docente para o domínio dos conteúdos de ensino, das estratégias para ministrá-los e de instrumentalizá-lo para seguir diretrizes e normas pedagógicas produzidas pelos órgãos centrais. Para os que defendem a melhoria do campo educacional, fundamentados na ideia de que o professor deve ser um profissional crítico e competente, a formação inicial é valorizada na medida em que pode dotar os docentes da capacidade de argumentar, produzir e criar, pelo estudo, pela discussão, pela análise do processo de ensino-aprendizagem e das condições institucionais, políticas, sociais e culturais em que se inserem.

Em função dessa última perspectiva, nesta seção será discutida a formação inicial ou acadêmica dos docentes, com foco na formação dos professores da educação infantil e das séries iniciais. As discussões e análises estarão centradas nas novas diretrizes curriculares do curso de Pedagogia, que assume, hoje, a responsabilidade plena pela formação desses educadores, uma vez que a permanência do curso normal na legislação educacional vigente apresenta-se como situação transitória, condizente com as desigualdades regionais e as dificuldades de formação para o magistério em algumas regiões do País.

Uma análise cuidadosa das Diretrizes Nacionais para os Cursos de Pedagogia pressupõe o conhecimento das instituições a que eles se destinam. No Brasil, como foi visto, grande parte dos professores é formada em instituições privadas de ensino. Contudo, é inegável que as instituições públicas de ensino, sobretudo as faculdades e departamentos de educação das universidades federais e estaduais, terminam por exercer grande influência na montagem dos currículos dos cursos das instituições privadas. Nesse contexto, será apresentado um perfil que, apesar de precário e parcial, identifica alguns aspectos da realidade dos departamentos ou faculdades de educação das universidades públicas que são fundamentais para se entender em que terreno se realiza a formação dos professores das séries iniciais do ensino fundamental e quem são os professores que educam esses futuros educadores.

Pode-se observar que as faculdades ou departamentos de educação apresentam um corpo docente cuja formação inicial origina-se nas mais diversas áreas do conhecimento. São doutores e mestres em educação, graduados em sociologia, psicologia, história, filosofia e/ou licenciados em cursos de formação de professores para o ensino das diferentes disciplinas escolares. É necessário observar que tal realidade é, em princípio, condizente com um campo de natureza interdisciplinar como a educação e com as demandas postas a essas faculdades ou departamentos, que têm como função formar o pedagogo e participar da formação de licenciados. O que se está querendo ressaltar é que grande parte dos docentes das faculdades e departamentos de educação têm pouca experiência com o ensino nas séries iniciais e na educação infantil. Com um corpo docente renovado pelos estímulos à aposentadoria, sobretudo na década de 90, poucos são os docentes de ensino superior com experiência profissional na educação básica.[16] Esse número se reduz ainda mais quando se considera a experiência nas séries iniciais do ensino fundamental e na educação infantil. É que os docentes egressos dos cursos de Licenciatura foram preparados para atuar como professores das disciplinas que integram o currículo das séries finais do ensino fundamental e do ensino médio e, quando têm experiência de magistério, esta se relaciona com aquele nível de ensino.

Enfim, as faculdades de educação contam com um reduzido número de professores com experiência na educação infantil e nas séries iniciais do ensino fundamental. A par disso, a emergência de novos campos de trabalho para o educador, fora das instituições escolares, cresce com a multiplicação das ONGs e de programas sociais geridos pela iniciativa pública e privada, criando novos campos de investigação e um grande interesse pela pesquisa em espaços não escolares. As demandas reais e potenciais desses novos campos de atuação, combinadas com as disputas no interior do campo acadêmico, tornam a educação em espaços não escolares extremamente atrativa. Pode-se dizer que, se na década de 80 houve um grande número de pesquisas no interior dos cursos de pós-graduação, cujas temáticas convergiam para a pedagogia do trabalho a partir da premissa do trabalho como princípio educativo,

---

[16] Observa-se que muitos dos professores mais antigos iniciaram a carreira no magistério como professores do ensino fundamental e, só mais tarde, ingressaram no ensino superior. De modo diferente, hoje é muito comum que alunos concluintes da graduação realizem seus cursos de mestrado e doutorado sem passar pelo mercado de trabalho, tornando-se professores do ensino superior, inicialmente em instituições privadas e mais tarde em universidades públicas.

hoje se assiste ao crescimento do número de trabalhos voltados para a educação em espaços não escolares. Estas são observações importantes para se entender quem esteve presente na elaboração, na defesa, e tem responsabilidade pela implementação das diretrizes curriculares.

A Resolução nº 1, de 15 de maio de 2006, que institui as Diretrizes Curriculares Nacionais para o Curso de Graduação em Pedagogia, estabelece, em seu art. 2º, que "essas diretrizes aplicam-se à formação inicial para o exercício do magistério na educação infantil e nos anos iniciais do ensino fundamental".

De forma geral, pode-se dizer que o documento dá pouca ênfase ao magistério da educação infantil e das séries iniciais do ensino fundamental, buscando ampliar a formação do professor das séries iniciais e da educação infantil nas áreas de gestão e de pesquisa, incluindo também na formação o trabalho educativo em espaços não escolares. No §2º, em que são definidos os propósitos do curso de Pedagogia, faz-se referência à formação de um educador em sentido amplo. Quando se define o que é central para a formação do licenciado em Pedagogia (parágrafo único do art. 3º), os itens expostos dão pouco destaque às atividades do docente em sala de aula. Nesse parágrafo, afirma-se que, para a formação em Pedagogia, é necessário o conhecimento da escola como organização complexa, o uso de pesquisas educacionais e de seus resultados e a participação na gestão da escola. Não se menciona nenhum aspecto específico da atividade docente.

É claro que o docente deverá ter conhecimentos e habilidades para participar da gestão da escola e competência para realizar pesquisas e utilizar seus resultados. Mas suas atividades pressupõem conhecimentos e domínio de práticas que vão além daquilo que é enfatizado na legislação. O conteúdo do parágrafo único do art. 4º detalha em que consistem as atividades de gestão, o art. 5º enumera as habilidades que o curso deverá formar, citando habilidades relativas às atividades do educador que atua em escola e em espaços não escolares, bem como aquelas relacionadas à participação na gestão escolar. Das dezesseis habilidades citadas, somente três dizem respeito, especificamente, à docência na Educação Infantil e nas séries iniciais do Ensino Fundamental (incs. II, III e VI). Somente no art. 6º, que discute a estrutura do curso, são apresentados os componentes diretamente relacionados à atividade docente.

Diante desse quadro, argumenta-se que as Diretrizes Curriculares poderiam ter dado maior destaque à formação do professor para atuar em sala de aula. Ao enfatizar o trabalho dos docentes na gestão escolar e a educação em espaços não escolares, as diretrizes reforçaram aquilo que já é mais forte nas Faculdades e

Departamentos de Educação, não contribuindo, de fato, para que essas instituições repensassem e colocassem, no centro de suas obrigações, a formação do professor para atuação como educador escolar de crianças e adolescentes.[17]

A gestão democrática pode ser compreendida como uma forma de a escola definir, de maneira compartilhada e consensual, seu horizonte pedagógico, explicitando seu currículo, seus projetos e programas, seus processos de trabalho e suas formas de gestão de recursos e de pessoal. No entanto, pode-se considerar que a democratização da gestão, embora necessária e condição primordial para o trabalho docente, não implica, necessariamente, em melhoria do desempenho dos alunos. Whitty (1998), por exemplo, menciona que pesquisas evidenciaram que a gestão democrática teve efeitos positivos nos gastos financeiros das escolas inglesas, mas não constituiu fonte de melhoria do desempenho dos estudantes. É que os professores, nesse modelo de gestão, terminam gastando muito tempo com decisões burocráticas que não afetam o ensino diretamente.

A análise dos currículos dos cursos de Pedagogia mostra que há uma hierarquização dos saberes no interior do currículo, tendo menor prestígio os conteúdos relacionados ao saber-fazer (GATTI, 2010). Confirmando esse baixo *status*, nos cursos de Pedagogia de algumas instituições de renome do País, os conteúdos relacionados à prática, ou seja, à aprendizagem das tarefas diárias da docência, tais como elaboração e uso de atividades de ensino, produção de materiais, contatos com experiências bem sucedidas no campo da aprendizagem, solução de problemas presentes no campo de ensino ocupam, relativamente, pequeno espaço nos currículos. Este baixo prestígio das atividades práticas é comprovado pelo fato de que não foram os acadêmicos que aumentaram a carga horária dos estágios e atividades práticas do currículo dos cursos de Licenciatura e de Pedagogia. Isso ocorreu por força da legislação. O que é mais intrigante em relação a esse aspecto é que grande número de acadêmicos qualificados no exterior já poderia ter observado que, há várias décadas, nos países mais desenvolvidos, as atividades práticas ocupam pelo menos um terço do currículo dos cursos de formação docente.

---

[17] Defende-se aqui a ideia de que há espaço para criação de cursos de graduação voltados para a formação de educadores que irão atuar em espaços não escolares e também para especialistas em ciências da educação. O que não se pode fazer é colocar todas estas formações juntas, em um único curso, incluindo a formação docente, pois é impossível em quatro anos formar um profissional competente em todas essas áreas.

Mesmo nos cursos de instituições nas quais a grande maioria dos acadêmicos é considerada progressista, constata-se o desprestígio da atividade prática. É como se apenas o domínio de teorias garantisse uma prática de qualidade. Sem dúvida, merece críticas uma formação de orientação tecnicista, centrada no fazer, sem conhecimento das teorias que fundamentam as diferentes possibilidades de ação, bem como sem o conhecimento das matrizes epistemológicas e políticas que orientam as práticas. Nessa direção, observa-se que, em qualquer reunião de acadêmicos sobre os cursos de formação docente, quando se fala em prática, há sempre uma advertência ou uma ressalva sobre os perigos de esvaziamento dos conteúdos teóricos. Posto dessa maneira, não há como não defender a sólida formação teórica e repudiar a formação instrumental e denunciá-la como estratégia utilizada para formar professores dóceis às imposições das políticas públicas, desqualificando, desse modo, o trabalho docente. É preciso ainda examinar se o curso de Pedagogia possibilita o domínio do conhecimento teórico ou se nele predominam discursos sobre diferentes teorias, sem garantia de aprofundamento e de aprendizagem desse tipo de conhecimento.

O professor precisa adquirir, em sua formação, conhecimentos e habilidades que o instrumentalizem para a prática. O que caracteriza um trabalho profissional de qualidade é a realização de uma boa prática, e só existe boa prática com sólida formação teórica. É importante observar que a recíproca, neste caso, não é verdadeira, pois a sólida formação teórica não garante, por si só, uma boa prática. O que está sendo enfatizado é que o bom profissional precisa de conhecimentos teóricos que lhe permitam detectar problemas e defini-los com clareza, e necessita também encontrar alternativas que possibilitem a solução dos problemas identificados. Para tanto, precisa utilizar um arcabouço teórico compatível com a realidade em que o problema se insere.

A fundamentação teórica é que orienta a atuação profissional, mas a ação exige mais do que isso. É preciso saber articular teorias para identificar e solucionar problemas. É preciso produzir ou utilizar materiais e equipamentos compatíveis com os objetivos de ensino. É preciso saber compatibilizar a prática com os objetivos mais amplos da educação. Desse modo, um bom professor precisa ter conhecimentos teóricos para compreender as dificuldades de aprendizagem de seus alunos. Precisa de conhecimentos teóricos para pensar em como superá-las. Precisa, também, da experiência para realizar tais tarefas, ao lado de outras habilidades necessárias ao planejamento e implementação de atividades em sala de aula, o que pode incluir, mas, sem dúvida, transcende o campo teórico. O que distingue o conhecimento do leigo do conhecimento do profissional é, justamente, o fato de que o deste último é fundamentado em teorias. É até possível encontrar leigos que resolvam vários problemas do campo profissional, mas o exercício da atividade profissional é cerceado ao leigo, em maior ou menor nível, nas diferentes profissões, porque a ausência de conhecimento teórico torna difícil ter sucesso diante de situações imprevistas e incomuns.

O problema é que a atividade docente tem sido, muitas vezes, exercida a partir do senso comum. Com essa preocupação, advoga-se a necessidade de os cursos de formação proporcionarem um aprofundamento teórico que reverta esse quadro. Contudo, teoria sem foco na realidade prática e sem aquisição de habilidades, e que permitam sua utilização na ação, tende a se tornar apenas conhecimento escolar, útil para responder às demandas da formação inicial (provas e trabalhos de curso), além de bom instrumento para o sucesso em concursos públicos.

Em síntese, a formação do professor, como um dos elementos relacionados ao desempenho dos alunos, ainda precisará encontrar percursos mais férteis, de modo a ajudar a superar os graves problemas de ensino que pesam sobre a escola.

OBSERVAÇÕES FINAIS: OUTROS DESAFIOS

Do ponto de vista histórico, podemos considerar que o magistério foi, como outras ocupações, uma atividade de caráter artesanal. Os saberes da ocupação eram aprendidos por imitação, imersão no campo e, só com o tempo, passaram a ser codificados em alguns espaços de maneira mais formal. Ao constituir um corpo de conhecimentos acadêmicos ensinados em instituições especializadas, o magistério alcançou o estatuto de profissão. Segundo Escalano (1999), hoje, quando se assiste a uma redefinição do papel do professor, "uma certa nostalgia do professor artesão busca recuperar as tradições empíricas do ofício e a refutar como esotéricos ou obtusos alguns discursos e saberes do conhecimento especializado" (p. 26).

Os desenvolvimentos no campo da aprendizagem, da didática, do currículo e das metodologias de ensino das diferentes disciplinas têm colocado à disposição do professor uma série de teorias e de princípios que poderão favorecer sua prática. As disciplinas consideradas como fundamentos da educação proporcionam ao estudante do curso de Pedagogia conhecimento das bases filosóficas da educação, das linhas de pesquisa no campo, das práticas de ensino, e uma visão realista e clara da educação brasileira e do seu desenvolvimento histórico, marcado por mecanismos de exclusão. Entretanto, somente uma formação que alie sólida formação teórica com atividades práticas significativas poderá formar um profissional competente, capaz de enfrentar e encontrar alternativas para os grandes desafios postos pela educação brasileira.

É importante observar que Rollet (2001), em pesquisa que fez com um grupo considerado de "bons professores", constata que todos os profissionais que se distinguiam em seu campo compartilhavam de uma característica comum ⊠ uma atitude de cuidado e compromisso com os estudantes. Realmente, não é difícil perceber que os professores mais comprometidos com seus alunos e que demonstram se importar com tudo o que ocorre com a criança, incluindo, além dos aspectos cognitivos, os aspectos socioemocionais, conseguirão entender melhor as dificuldades dos seus estudantes. Em decorrência disto e pelo seu compromisso profissional, poderão encontrar caminhos e alternativas pedagógicas que contribuam para o progresso do aluno. No entanto, compromisso, interesse e cuidado fazem parte dos valores éticos de cada docente e, para mudar atitudes, é preciso um longo investimento, tanto na formação inicial como na formação em serviço. Conhecimentos profissionais perpassados por compromissos sociais e éticos não são fruto de convencimento ou conversão, mas de processos relacionados à dinâmica interna das instituições em que os docentes se formam e daquelas em que trabalham, que, por sua vez, estão mergulhadas em outras relações sociais. É importante lembrar ainda a necessidade de reestruturação da carreira docente de forma a torná-la uma profissão mais estimulante, capaz de atrair e manter profissionais qualificados e comprometidos com a educação.

Nesse quadro, há que se considerar que as propostas alternativas e mesmo as críticas a elas levantadas podem oferecer algumas contribuições para a melhoria da formação docente, sem, contudo, resolver a diversidade de problemas da área. É importante salientar que não há uma proposta de trabalho que venha resolver a complexidade dos problemas enfrentados no terreno da formação docente. Por isso, o trabalho neste campo só poderá avançar se as tentativas e alternativas de melhoria do trabalho docente se abrirem para as críticas na busca da superação de seus limites e entraves. Um sério problema no campo educacional é a crença ou ilusão de que existe possibilidade de se encontrar uma resposta única e final para determinados problemas. Além disso, não se pode deixar de ter em vista que problemas de ordem econômica, política, social e cultural repercutem na educação com tanta intensidade, que há que se compreender que as políticas educacionais só terão um efeito positivo se conjugadas às outras políticas públicas voltadas para a redução da pobreza.

Também é importante considerar que mudanças na formação docente têm como limite as estruturas já cristalizadas nos cursos de formação inicial e na cultura das escolas de educação básica. Mudanças nessas instituições não são fáceis de serem efetuadas porque o peso da tradição e de rotinas já instaladas conspira contra os movimentos de renovação. Ao lado disto, ao longo de suas carreiras, os professores já criaram *habitus*, no sentido utilizado por Perrenoud (1993). A internalização de novos valores, de novas formas de pensamento e de atuação exige uma mudança de *habitus*, o que é um processo complexo, que não ocorre em curto prazo, pois representa uma ressocialização, com o abandono de práticas já estruturadas e sobre as quais as pessoas, muitas vezes, não têm mais um controle consciente.

Para concluir, é importante ressaltar que cabe aos acadêmicos da área da educação entender que a qualidade da educação depende também de seu trabalho no campo do ensino e da pesquisa, de seu maior envolvimento com os cursos de graduação (Licenciaturas) e com a pesquisa de temas, talvez menos excitantes, mas realmente relevantes para o trabalho que as escolas desenvolvem. Defende-se aqui também a ideia de que a comunidade educacional formada por educadores críticos deve ser mais propositiva, elaborando propostas coerentes com seu ideário político. Como afirma Coraggio (1993), os organismos internacionais cujos interesses se alinham com o desenvolvimento do capitalismo terminam conseguindo por impor suas ideias na América Latina porque apresentam planos organicamente bem elaborados e não encontram propostas estruturadas que possam a eles se contrapor. Assim, é preciso sonhar e atuar, criticar e fazer, reclamar e agir, denunciar e construir. É preciso coragem e paixão, ambição e humildade, vontade e persistência. Enfim, é preciso acender o entusiasmo adormecido e arrefecido pelo desgaste das cobranças incessantes e sem limites impostas aos profissionais da educação.

REFERÊNCIAS

APPLE, M. W. *Educando à direita*. São Paulo: Ed. Cortez, 2003.

APPLE, M. W; BEANE, J. *Escolas democráticas*. São Paulo: Ed. Cortez, 1997.

BALL, S. *Educational reform*: a critical and post-structural approach. Buckingham: Open University Press, 1994.

BALL, S. Performativity and fabrication in the educational economy – towards a performative society. *In*: *The performance school- managing, teaching and learning in a performative culture*. New York: RoutelgeFalmer, 2001. p. 210-226.

BALL, S. The teachers soul and the terror of performativity. *Journal of Education Policy*, v. 18, n. 2, p. 215-228, 2003.

BARRIGA, A. D.; ESPINOSA, I. El docente en las reformas educativas: sujeto o ejecutor de proyectos ajenos. *Revista Iberoamericana de Educación*, Madrid, n. 25, p. 17-43, ene./abr. 2001.

BARROSO, J. *A escola pública*: regulação, desregulação, privatização. Porto: Asa, 2003.

BRASIL. Ministério da Educação e do Desporto. Conselho Nacional de Educação. Câmera da Educação Básica. Resolução nº 2, de abril de 1998. Institui as Diretrizes Curriculares Nacionais para o Ensino Fundamental. *Diário Oficial da União*, Brasília, 15 abr. 1998.

CARNOY, M.; CASTRO, C. Que rumbo debe tomar el mejoramiento de la educación en América Latina?. *In*: *Seminario sobre reforma educativa*. Washington: Banco Interamericano de Desarrolo, 1997.

CONTRERAS, José. *A autonomia de professores*. São Paulo: Ed. Cortez, 2002.

CORAGGIO, J. L. *Economía y educación en América latina*. Notas para uma agenda de los 90. Santiago de Chile. CEAAL (Consejo de Educación de Adultos de América Latina), 1993.

CORREIA, J. A. *Inovação pedagógica e a formação de professores*. Rio Tinto: Asa, 1991.

CURY, C. R. J. A educação básica no Brasil. *Educação & Sociedade*, Campinas, CEDES, v. 23, n. 80, p. 169-201, 2002.

DAMASCENO, E. A. *O trabalho docente no movimento de reformas educacionais no Estado do Acre*. Tese (Doutorado em Educação) – Universidade Federal de Minas Gerais, Belo Horizonte, 2010.

DEMAILLY, Lise Chantraine. Modelos de formação contínua e estratégias de mudança. *In*: NÓVOA, António (Coord.). *Os professores e sua formação*. Lisboa – Portugal: Dom Quixote 1995.

DOLTON, P. *et al. Teacher pay and performance*. London: Institute of Education, 2003.

ELLIOT, John. Characteristics of performative cultures: their central paradoxes and limitations as resources for educational reform. *The performance school*: managing, teaching and learning in a performative culture, New York: Routeledge Falmer, 2001. p. 192-209.

ESCALANO, A. Profissionais da educação, cultura escolar e relações de gênero. *In*: JUSTINO MAGALHÃES; Augustin Escalano (Org.). *Os professores na história*. Porto: Sociedade Portuguesa de Ciências da Educação-SPCE, 1999.

FREITAS, H. A (Nova) política de formação de professores: as prioridades postergadas. *Educação & Sociedade*, Campinas, v. 28, n. 100, p. 1203-1230, out. 2007.

GATTI, B. A. Formação de professores no Brasil: características e problemas. *Educação & Sociedade*, Campinas, v. 31, n. 113, p. 1355-1379, out./dez. 2010.

GATTI, B. A.; BARRETO, E. S. S. *Professores do Brasil*: impasses e desafios. Brasília: UNESCO, 2009.

GIROUX, H. *Os professores como intelectuais*: rumo a uma pedagogia crítica da aprendizagem. Porto Alegre: Artmed, 1997.

HARGREAVES, Andy. *Os professores em tempo de mudança*. Portugal: McGraw-Hill, 1998.

LAUGLO, J. (Org.). Crítica às prioridades e estratégias do Banco Mundial para a educação. *Cadernos de Pesquisa*, São Paulo, n. 100, p. 11-36, 1997.

MELNICK, S. L.; PULLIN, D. Can you take dictation? Prescribing teacher quality through testing. *Journal of Teacher Education*, v. 51, n. 4, p. 362-275, set./out. 2000.

MOREIRA, A. F. B. Propostas curriculares alternativas: limites e avanços. *In*: PARAÍSO, Marlucy Alves (Org.). *Antonio Flavio B. Moreira*: pesquisador em currículo. Belo Horizonte: Autêntica, 2010. v. 1, p. 133-158.

NÓVOA, Antonio. *Os professores e a sua formação*. Tradução de Graça Cunha, Cândida Hespanha e Conceição Afonso. Lisboa: Dom Quixote, 1992.

PACHECO, J. A. (Org.). *Formação de professores*: perspectivas educacionais e curriculares. Porto: Porto Ed., 2003.

PACHECO, J. A. *Políticas curriculares*. Porto: Porto Ed., 2002.

PERRENOUD, Philippe. *Práticas pedagógicas, profissão docente e formação*: perspectivas sociológicas. Lisboa: Dom Quixote, 1993.

POPKEWITZ, T. S. *Lutando em defesa da alma*: a política do ensino e a construção do professor. Porto Alegre: Artes Médicas, 2001.

POPKEWITZ, T. S. *Reforma educacional*: uma política sociológica: poder e conhecimento em educação. Porto Alegre: Artes Médicas, 1997.

ROLLET, B. A. How do expert teachers view themselves. *In*: BANKS, F.; MAYES, A. S. (Org.). *Early professional development for teacher*. London: David Fulton Publishers e Open University, 2001. p. 27-40.

SACRISTÁN, J. G. *La educación obligatoria*: su sentido educativo y social. Madrid: Edición Morata, 2001.

SCHON, D. *The reflective practitioner*. New York: Basic Books, 1982.

TARDIF, Maurice. Saberes profissionais dos professores e conhecimentos universitários: elementos para uma epistemologia da prática profissional dos professores e suas conseqüências em relação à formação para o magistério. *Revista Brasileira de Educação*, Campinas, n. 13, 2000.

TORRES, R. M. Melhorar a qualidade da educação básica: as estratégias do Banco Mundial. *In*: TOMASI; WARDE, M. J.; HADDAD, S. (Org.). *O Banco Mundial e as políticas educacionais*. São Paulo: Cortez, 1996.

WHITTY, G. (Ed.). *Making sense of educational policy*. London: Sage, 2002. p. 126-140.

WHITTY, G. *Controle do currículo e quase-mercado*: a recente reforma educacional na Inglaterra e no País de Gales. São Paulo: Pontifícia Universidade Católica de São Paulo, 1998. Trabalho apresentado no II Seminário Internacional Novas Políticas Educacionais: críticas e perspectivas.

YOUNG, D. F. Para que servem as escolas?. *Educação e Sociedade*, v. 28, n. 101, p. 1287-1302, 2007.

YOUNG, M. F. D. An approach to the study of curricula as socially organized knowledge. *In*: YOUNG, M. F. D. (Ed.). *Knowledge and control*: new direction for the Sociology of Education. London: Collier-McMillan, 1971.

YOUNG, M. F. D. *O currículo do futuro*. Campinas: Papirus, 2001.

ZEICHNER, Kenneth M. Para além da divisão entre professor-pesquisador e pesquisador acadêmico *In*: GERALDI, Corinta M.; FIORENTINI, Dario; PEREIRA, Elisabete M. (Org.). *Cartografia do trabalho docente*: professor(a)-pesquisador(a). Campinas: Mercado de Letras/ABL, 1998. p. 207-236.

A QUALIDADE DA ESCOLA PÚBLICA: A IMPORTÂNCIA DA GESTÃO ESCOLAR

VITOR HENRIQUE PARO

O tema proposto recomenda, preliminarmente, a explicitação dos termos e expressões envolvidos. Para falar sobre a importância da gestão escolar é preciso ter presente antes o conceito de gestão, bem como suas implicações quando aplicado à realidade específica da escola. Da mesma forma, não se pode ter uma visão clara dessas implicações para a qualidade do ensino público se não se deixa explícito o entendimento que se tem sobre uma escola de qualidade. Comecemos com este último ponto.

A QUALIDADE DA ESCOLA PÚBLICA

Usualmente, quando se diz que uma coisa é de qualidade, está-se querendo dizer de "boa" qualidade, ou seja, que contém os atributos ou as "qualidades" que se deseja que ela possua. São, portanto, atributos ou qualidades úteis do ponto de vista de quem os avalia. Na verdade, da mesma forma que o concreto é "a síntese de múltiplas determinações, logo, unidade da diversidade" (MARX, 1977, p. 218), são precisamente esses atributos que constituem determinado objeto, de tal forma que a falta de algumas ou da totalidade dessas "qualidades" pode configurar, respectivamente, um objeto incompleto ou a inexistência do objeto.

Essas ponderações vêm bem a propósito das considerações que se costumam fazer atualmente sobre a situação escolar em nosso país. É muito comum dizer-se que, no Brasil, resolvemos o problema escolar com relação à quantidade, mas ainda não temos a qualidade. Segundo esse entendimento, pelo menos com relação ao ensino fundamental, que é o que nos interessa aqui, o ensino já está universalizado porque já há escola para todos dentro da faixa etária correspondente, e agora é preciso cuidar do que falta, ou seja, da qualidade. Mas esse raciocínio encerra um paradoxo quando dissocia qualidade de quantidade. Como falar de quantidade de objetos que não detêm as qualidades ou atributos que os caracterizam como tais? Como afirma Antonio Gramsci (1978, p. 50), "dado que não pode existir quantidade sem qualidade e qualidade sem quantidade [...], toda contraposição dos dois termos é, racionalmente, um contrassenso". Será legítimo, então, afirmar que temos quantidade suficiente de escolas se muitas delas, ou sua maioria, não apresentam os atributos que permitem chamá-las de escolas?

O encaminhamento dessa discussão exige uma delimitação mais clara dos atributos que se deve exigir de uma escola para ela ser considerada como tal, ou seja, para atender aos objetivos que dela se esperam. Se o objetivo, por excelência, da escola é a produção de educação, é preciso que tenhamos claro esse conceito. Esta questão não é de menor importância quando se atenta para o fato de que um dos fundamentos mais determinantes do fracasso da escola básica é precisamente o equívoco na delimitação da educação que dela se espera. Tratei desse assunto em outro trabalho (PARO, 2010b), mas vale a pena retomá-lo aqui em suas linhas mais gerais.

A concepção de educação que parece prevalecer na orientação das políticas públicas e que acaba por estruturar a forma de ser da própria escola básica é aquela adotada pelo senso comum que a vê como mera transmissão de conhecimentos e informações. De acordo com essa concepção, há pessoas que detêm conhecimentos que faltam a outras pessoas. As primeiras (educadores, professores) educam as segundas (educandos, estudantes), por meio da passagem desses conhecimentos e informações, tornando estas últimas mais educadas (ou seja, detentoras de uma maior quantidade de conhecimentos). Esses conhecimentos, organizados nas mais diferentes áreas (Matemática, Geografia, História, Ciências, Línguas etc.), são considerados os "conteúdos" do ensino, a serem transmitidos de acordo com as séries e os níveis escolares.

A confirmação mais veemente da preocupação estatal apenas com a passagem de conhecimento são os sistemas de avaliação em larga escala utilizados para aferir o desempenho das escolas fundamentais. Embora a lei proclame como propósito da educação o "pleno desenvolvimento do educando" (Lei nº 9.394/1996, art. 1º), quando se trata de averiguar em que medida essa finalidade está sendo cumprida, só se avalia (e muito precariamente) a *aquisição* de *conhecimentos*. A isso se reduz a concepção de educação que está por trás das políticas educacionais: *aquisição* de conhecimentos, em vez de *construção* de personalidades. E, mesmo assim, com uma redução drástica no âmbito dos conhecimentos, pois, dentre as várias disciplinas e conteúdos de que se deveriam ocupar os currículos e programas das escolas, os exames como o Saeb e Prova Brasil, por exemplo, se restringem apenas a Matemática e Língua Portuguesa. Seus resultados acabam sendo utilizados como parâmetros para averiguar em que medida o Estado está atendendo satisfatoriamente ao direito da população à educação, que compete a ele, Estado, oferecer.

Reitere-se a natureza precária dessa avaliação, pois o bom desempenho dos educandos nos testes não assegura que o aprendizado se deu de fato, mas apenas que, no momento da prova, o respondente tinha a informação na memória, não havendo garantia de sua retenção no futuro, caso o aprendizado não tenha sido de fato significativo. Assim, pode-se apostar que o montante de conhecimento verdadeiramente "adquirido" pelos que passam pela escola fundamental é imensamente menor do que o que leva a crer os já baixos resultados permanentemente apresentados por esses exames. Para reforçar essa aposta nem são necessários grandes estudos. Quem tem relações frequentes com a prática educativa em escolas dos vários graus de ensino ou um contato mais próximo com os assuntos culturais consegue perceber, sem grande esforço, a farta presença da ignorância mesmo na população que ocupou os bancos escolares. É de se duvidar muito se boa parcela da população que já passou pelo ensino fundamental e mesmo os que já frequentam o ensino superior resistiriam a uma verificação da permanência de conhecimentos aprendidos nas escolas e até mesmo se, passados um ou dois anos, teriam o mesmo rendimento que tiveram ao responderem as avaliações em alta escala usualmente aplicadas. Será que, dentre as próprias autoridades do sistema de ensino que gerenciam esses exames, seriam muitos os que teriam rendimento satisfatório se a eles se submetessem?

Diante dessa situação é de se perguntar qual a vantagem de se continuar com um objetivo tão restrito (passagem de conhecimentos) e com um desempenho que não satisfaz minimamente a esse propósito. Aos cidadãos, de que vale passar nove, dez, ou mais anos na escola, se a recompensa é apenas um certificado que nada certifica além da pobreza cultural, suficiente às vezes para conseguir um emprego, mas sem força nenhuma para permitir o usufruto da cultura humana numa extensão mínima que compense o tempo e o esforço despendidos? Aos sistemas de ensino e à sociedade, cumpre considerar o enorme desperdício de recursos de toda ordem – objetivos (materiais, financeiros) e subjetivos (o esforço humano, a força de trabalho de docentes, educandos e não docentes) – em vista do pífio resultado conseguido.

E essa pobreza na aquisição de conhecimentos é resultado da pobreza dos procedimentos utilizados para ensinar, que são tributários da própria visão estreita que se tem de educação. Em decorrência de a educação ser entendida como simples passagem de conhecimentos, entende-se que esses conhecimentos se "passam" ou se "transmitem" como qualquer outra coisa, sem consideração da especificidade da relação pedagógica, numa situação de exterioridade tanto com relação a quem transmite quanto com relação a quem adquire o conhecimento. A Didática é inteiramente ignorada. Paulo Freire já fez a crítica definitiva a esse modo de (tentar) ensinar, que ele chamou de "educação bancária" (FREIRE, 1975). Se o trabalho do professor consiste apenas em "depositar" conhecimentos na cabeça dos estudantes como quem deposita dinheiro num banco, ou como quem transmite qualquer objeto de um lugar para outro, onde está o característico do educar? Para quê serve o educador? Onde está o específico de sua ação, se apenas varia o objeto transmitido?

Por mais absurdo que possa parecer, é sobre a omissão da condição específica do processo educativo que parecem continuar sendo conduzidas as políticas públicas relacionadas à escola básica, a seus objetivos e à qualidade de seu desempenho. As coisas parecem se dar como se não existissem uma Pedagogia e uma Didática e todas as ciências e disciplinas que as subsidiam e permitem conhecer a educação e as formas mais adequadas de conduzir a relação pedagógica de modo a realizar-se o aprendizado. Por isso, ignora-se que, mesmo que o objetivo da educação escolar se reduzisse ao conhecimento – que é, sem dúvida nenhuma, um componente cultural extremamente valioso e de inegável necessidade para a formação humana –, não é a simples presença deste na situação de ensino que garante sua apropriação pelo educando. É preciso considerar a complexidade dessa relação. E é a Pedagogia, como teoria e prática da educação, que pode tornar possível a compreensão dessa complexidade e propiciar o bom desenvolvimento dessa relação. Sua negligência pode significar a perda do domínio teórico e a ausência da aplicação de procedimentos didáticos imprescindíveis para a boa prática educativa, que nossas escolas em geral estão longe de incorporar em seu dia a dia.

Na ausência da Pedagogia e da Didática, prevalece a preocupação com o "conteúdo" (um conteúdo minguado, restrito a conhecimentos e informações), prevalecendo a "sabedoria" do senso comum em que o ensino consiste numa ordem do professor que deve ser obedecida pelo aluno, numa "didática" do prêmio e do castigo. Se o aluno se esforçar e demonstrar (nas provas) que está adquirindo os conhecimentos, ele será recompensado com a promoção para a próxima série ou com o diploma; se ele não se esforçar, será punido com a reprovação. Com isso, renuncia-se definitivamente à beleza e à grandiosidade de uma relação pedagógica construtora de personalidades humano-históricas, em que o educador, agindo como sujeito, e com base na ciência e na técnica, propicia condições para que o aprendizado se realize a partir da ação intencional e desejada do educando, que se faz autor na formação de sua personalidade humano-histórica.

A consequência dessa renúncia é um ensino enfadonho, desinteressante, estruturado apenas na obsessão de passar conhecimento, a partir do esforço desorientado do educando. A criança, por pressão do adulto, e para se ver livre do estudo, emprega toda sua criatividade para guardar na memória uma parte desses conhecimentos, que, bem ou mal, lhe possibilitam, por ocasião das provas, ter um desempenho que lhe credencie a passar de ano ou de ciclo. Logo em seguida esquece quase tudo, porque na verdade não aprendeu, porque na verdade as ciências da Educação têm demonstrado que a escola que busca ensinar *só* conhecimento sequer isso consegue fazer. O tempo e o esforço (penoso, contrariado) da criança foram, assim, desperdiçados. Poderia tê-los melhor aproveitado se os empregasse em atividades mais saudáveis, como brincar, jogar, ou simplesmente não fazer nada, porque, pelo menos assim, não estaria formando uma personalidade culpada, achando-se estúpida, preguiçosa e incompetente porque incapaz de fazer aquilo que os adultos (seus familiares, seus professores, pessoas a quem ela ama, confia e respeita) dizem que é tão bom, tão necessário e tão prazeroso. Ela não consegue ver a necessidade nem sente prazer nesse tipo de ensino tradicional, incapaz de produzir seu interesse. Mas essa "metodologia" não deixa de causar efeito na criança, pois os valores que a orientam vão-se incorporando em sua personalidade, "preparando-a" para ser um adulto que atribui a si a culpa pelo fracasso no ensino e no desenvolvimento do gosto pelo saber e que impingirá esses mesmos valores nas crianças do futuro.

De volta ao tema da qualidade da escola e da exigência de uma concepção de educação que sirva de parâmetro para avaliar essa qualidade, podemos concluir que o conceito de educação do ponto de vista do senso comum, que acabamos de examinar – amplamente adotado nas políticas públicas para o ensino básico – é muito pouco apropriado para a formação de cidadãos numa sociedade democrática. O homem, como "medida de todas as coisas" (Protágoras), precisa muito mais do que os (parcos) conhecimentos que o habilitam a responder às precárias "avaliações" em larga escala ou a conseguir um lugar qualquer no mercado de trabalho. E precisa de muito mais porque sua complexidade ilimitada reclama uma apropriação ilimitada da cultura.

Expliquemos. O que torna o homem histórico (portanto diferenciado da necessidade natural) é o componente de cultura que ele cria e que incorpora em sua personalidade. (Cultura é empregada aqui em seu sentido mais amplo, como tudo aquilo que se diferencia da simples Natureza, porque é produto da criação humana, ou seja, valores, conhecimentos, crenças, tecnologia, objetos, ciência, arte, filosofia, costumes, direito, etc., etc.) A cultura é criada pelo homem por meio do trabalho, entendido como toda "atividade orientada a um fim" (MARX, 1983, v. 1, t. I, p. 150). Observe-se que o trabalho humano não se identifica com a atividade do animal, porque esta, mesmo tendo como resultado a transformação da Natureza, se dá *naturalmente, necessariamente*, não supõe condição de sujeito por parte de quem a executa. No caso do trabalho (humano), há um sujeito que orienta a ação, a partir de sua vontade. Essa vontade é derivada de uma valoração que o homem faz da realidade em que vive. Essa valoração, uma postura ética diante do real, é o fundamento de sua transcendência da mera necessidade natural. Diante da realidade, o homem *se pronuncia*, valorando, estabelecendo o que é de seu interesse e o que não é. Nessa situação de não indiferença com o real, ele *cria* um valor (algo que *vale*, de seu ponto de vista). Observe-se que o valor já não pertence ao domínio da Natureza (domínio composto por tudo aquilo que independe da ação e da vontade humana, de tudo aquilo que existe necessariamente, naturalmente). O valor é, portanto, do domínio da cultura, daquilo que é criado pelo homem. É, aliás, sua criação primeira, aquela que lhe possibilita estabelecer um objetivo que, realizado, incorpora esse valor.

A atividade na direção do objetivo, o trabalho, é a mediação para a autocriação do homem (utilizaremos esta palavra sempre em seu sentido histórico). Ao atuar "sobre a Natureza externa a ele e ao modificá-la, [o homem] modifica, ao mesmo tempo, sua própria natureza" (MARX, 1983, p. 149). Observe-se que, nesta frase, a primeira "Natureza" (tudo que existe independentemente do homem) não tem o mesmo significado da segunda, já que esta não se refere à natureza meramente física ou biológica do homem, mas a sua *condição* humano-histórica. Quando, por exemplo, o homem (a espécie humana), movido pelo sonho de se locomover com maior rapidez (um valor criado por ele), transforma a Natureza, pela mediação do trabalho, e constrói um veículo (uma carroça, um automóvel, um avião), a transformação que se processa em sua "natureza" humana é de ordem histórica. Um ser que necessariamente (naturalmente) locomovia-se a pé, agora tem a liberdade (construída por ele) de optar entre andar a pé e andar de automóvel, por exemplo. É sua condição histórica, portanto, que se modifica. Não podemos esquecer que essa condição histórica faz parte do conceito de homem, integra sua "natureza". É este homem histórico – em sua complexidade, como ser que ao mesmo tempo cria a cultura e é plasmado por ela – que é objeto de direito numa democracia.

Certamente que, em termos ontológicos, não é apenas criando cultura que cada ser humano se faz histórico. Uma das peculiaridades da espécie humana é ser capaz de apropriar-se, a cada nova geração, de tudo aquilo que foi produzido, em termos culturais, pelas gerações anteriores. É essa apropriação da cultura que constitui o que se pode chamar de *educação* em seu sentido mais pleno.

Daí decorre o caráter também histórico da educação. Cada ser humano, ao nascer, encontra-se totalmente desprovido de qualquer componente cultural, visto que a cultura não se transmite geneticamente. É pela educação que cada indivíduo se apropria da cultura disponível em seu meio social e se torna humano ao compor sua personalidade (humano-histórica). Mas a cultura não é composta apenas por conhecimentos ou informações, como leva a crer o conceito de educação do senso comum. A arte, a filosofia, o direito, a técnica, os valores, as crenças, o direito, a ciência, a prática política, os costumes e todas as demais conquistas e realizações do gênero humano são componentes da cultura com os quais só se entra em contato e dos quais só se apropria para compor a própria personalidade por meio da educação. Por isso,

> a educação, como parte da vida, é principalmente aprender a viver com a maior plenitude que a história possibilita. Por ela se toma contato com o belo, com o justo e com o verdadeiro, aprende-se a compreendê-los, a admirá-los, a valorizá-los e a concorrer para sua construção histórica, ou seja, é pela educação que se prepara para o usufruto (e novas produções) dos bens espirituais e materiais. [...] (PARO, 2001, p. 37-38)

Que distância enorme separa essa concepção de educação daquela que continua a nortear as políticas educacionais, mencionada anteriormente! Perceba-se, outrossim, quanto é diferente falar de qualidade da escola pública a partir de uma ou de outra dessas concepções. Na visão adotada pelo senso comum e pelas políticas públicas vigentes basta que a escola pública persiga o objetivo (tacanho) de proporcionar um conjunto (limitado) de conhecimentos considerados importantes para formar o "cidadão", entendido muito mais como agente produtivo em termos econômicos (trabalhador e consumidor) e cumpridor de seus deveres diante do Estado. Para aferir a qualidade da educação, basta pautar-se pelas credenciais e diplomas "conquistados" e pelas "avaliações" em larga escala – que mal conseguem medir quanto de informações a escola conseguiu "depositar" na mente do educando de modo a habilitá-lo a responder com razoável êxito a um mecanismo precário de aferição de conhecimentos. Os instrumentos de aferição da qualidade são importados de realidades que nada têm da especificidade educativa encontradiça na escola.

Na visão da educação como apropriação plena da cultura, o que está em jogo é a constituição do próprio indivíduo como ser humano-histórico. O suposto é que o ideal de cidadania não se separa do direito à cultura em sentido pleno, que deve ser apropriada e usufruída pelo indivíduo, na formação de sua personalidade. A escola básica, especialmente a de ensino fundamental, deixa de ser mera "transmissora" de conhecimentos, para assumir sua real função educadora. Educação é formação do homem histórico. O produto da escola, não é, pois, a precária retenção de conhecimentos, pretensamente medida pelos testes que dão direito a certificados e diplomas ou pelas chamadas avaliações em larga escala. Seu produto é o próprio ser humano educado que, por sua complexidade e peculiaridade histórica, não se deixa medir por mecanismos convencionais de aferição de qualidade (PARO, 2001, p. 38). É preciso buscar na Pedagogia e na Didática formas mais efetivas de avaliação que permitam o acompanhamento da qualidade no próprio processo de aprendizado.

Esse conceito de educação é, sem dúvida, o mais adequado para atender aos direitos de cidadania e às necessidades de uma sociedade democrática. É ele que devemos levar em conta quando se trata de averiguar a qualidade da escola pública. Ao adotá-lo, devemos estar alertas para o fato de que os atributos, ou as qualidades que se esperam dessa escola, para verificar se ela é de boa qualidade, são completamente diversos daqueles com os quais se contenta quando o objetivo é o da velha escola tradicional. Assim, só tendo clareza de um horizonte que vale a pena buscar podemos refletir sobre a importância da gestão escolar e sobre as implicações na maneira e na dimensão em que tal gestão pode contribuir para a qualidade da escola pública.

A GESTÃO ESCOLAR

Em seu sentido mais geral, independentemente do objeto a que é aplicado, o campo de estudo da gestão ou administração (aqui empregadas como sinônimos), tem a ver com tudo o que se relaciona à "utilização racional de recursos para a realização de fins determinados" (PARO, 1986, p. 18). Esse conceito geral se aplica à universalidade dos empreendimentos humanos, mas sofre certamente as determinações de cada realidade em que é aplicado. Mas essa conceituação geral é útil, inicialmente, para afastar pelo menos dois equívocos, muito comuns na representação do senso comum sobre o conceito de administração. O primeiro é o de que a administração implica, necessariamente, mando e submissão. Esse pensamento é próprio de uma sociedade autoritária em que essa é realmente a regra: parece que nenhum empreendimento, seja de que natureza for, pode se manter se não for organizado de modo a que alguns (poucos) mandem e outros obedeçam. Mas a crença é falsa e representa um flagrante menosprezo à espécie humana. É como se o ser humano fosse tão pobre de criatividade e virtudes, tão primitivo em termos culturais, e tão incapaz de diálogo e convivência livre com seu semelhante, que não conseguisse realizar nada de modo cooperativo, com os indivíduos coadministrando os empreendimentos de que tomam parte. Essa é, portanto, uma visão limitada. O conceito geral, ao ressaltar o caráter mediador da administração, deixa em aberto as ilimitadas possibilidades de distribuição da autoridade e de organização do trabalho. O importante é que, de acordo com as realidades em que se aplica, consiga-se concorrer para a realização dos fins visados.

O segundo equívoco muito comum consiste em restringir o campo da ação administrativa à organização e às providências relativas ao desenvolvimento das atividades-meio, esquecendo-se da mediação administrativa no próprio processo de produção do bem ou serviço que se tem como fim realizar. Na área do ensino, por exemplo, costumam ser consideradas como administrativas as medidas tomadas pela Secretaria de Educação, as ordens e determinações emanadas do diretor de escola, as atividades desenvolvidas na secretaria da unidade escolar, os assuntos financeiros e os relacionados com o material escolar, o provimento das escolas de modo geral e todas as demais atividades que servem de sustentáculo à ação pedagógica, até os limites da sala de aula. Daí em diante, isto é, o que se passa na situação de ensino, não se considera como objeto da ação administrativa.

Ora, o que acontece na situação de ensino, tanto ou mais do que qualquer outra atividade, deve prever a mais racional utilização possível dos recursos para que o fim em mente se realize de forma adequada. A boa realização do ensino (atividade-fim) é a razão de ser de todas as demais atividades (atividades-meio). Não faz sentido, pois, como às vezes se faz, discursar sobre a dicotomia entre o "administrativo" e o "pedagógico", como se fossem dois tipos de atividades, estranhos um ao outro. Mas é comum ouvir-se de professores e funcionários em geral que os assuntos da escola estão bem no administrativo, mas falham no pedagógico. Como estar bem administrativamente, se o pedagógico, razão de ser do administrativo, a única coisa que pode comprovar a qualidade deste, não vai bem? Como dizer, como se faz às vezes quando se pretende criticar a ação de determinado diretor, que este só se preocupa com o administrativo, descuidando-se do pedagógico? Se o específico do administrativo é mediar a realização de fins, e se o fim da escola é o pedagógico, como agir administrativamente na escola sem ter o pedagógico em primeiro plano? Uma ação desse tipo, ao menosprezar o fim último da escola, não pode de modo nenhum ser qualificada de administrativa. Mais apropriado seria chamá-la burocrática, no sentido que lhe dá Adolfo Sánchez Vázquez (1977, p. 260 et seq.), como prática que perde seu caráter mediador para tornar-se fim em si mesma. Um bom exemplo são os documentos, reuniões ou outros procedimentos, em geral, considerados pelo pessoal escolar como "apenas administrativos". Na verdade, o que os torna detestáveis, não são esses procedimentos em si, quando têm razão de ser, mas seu caráter *burocrático*, quando não levam a nada de relevante do ponto de vista do ensino ou dos objetivos educativos da escola.

É, assim, o caráter *mediador* da administração que não pode de modo nenhum ser negligenciado quando se trata de providenciar para que determinado processo ou conjunto de processos se encaminhem para a realização das metas desejadas. Disso decorre o princípio fundamental de toda administração bem-sucedida: *adequação entre meios e fins*, ou seja: os recursos e sua utilização não podem se opor ao objetivo que se tem em mira realizar. Essa máxima não deixa de soar como um truísmo. Entretanto, quando confrontamos as práticas escolares ainda vigentes em nossos sistemas de ensino com o conceito de educação como formação de personalidades humano-históricas, fica evidente como esse princípio administrativo é o mais violado em nossas escolas fundamentais.

Tomando o conceito de empresa em seu sentido geral, ou seja, "como todo empreendimento humano organizado para a produção de algo ou para a busca de fins, com a utilização do esforço humano coletivo" (PARO, 2010a, p. 766), a escola pode ser considerada uma empresa, e como tal deve ser administrada, muito embora sem deixar de levar em conta sua especificidade. Como toda empresa, os recursos envolvidos na busca de seus objetivos constituem dois grupos interdependentes: os recursos *objetivos* e os recursos *subjetivos*.

> Entre os primeiros incluem-se, por um lado, os objetos de trabalho e os instrumentos de trabalho, isto é, os elementos (materiais ou não) que são objeto de manipulação direta para a confecção do produto; por outro, os conhecimentos e técnicas que entram como mediação nessa produção, ou seja, os recursos conceptuais ou simbólicos de um modo geral. Assim, os recursos objetivos, como o próprio nome sugere, referem-se às condições objetivas presentes na realização do trabalho ou dos trabalhos que concorrem para a realização dos fins da empresa ou organização. (PARO, 2010a, p. 767)

Os recursos subjetivos, por sua vez, referem-se à subjetividade humana, ou seja, à capacidade de trabalho, ou força de trabalho, dos sujeitos que utilizam os recursos objetivos. Capacidade de trabalho é toda energia humana disponível para o processo de produção, ou seja, "o conjunto das faculdades físicas e espirituais que existem na corporalidade, na personalidade viva de um homem e que ele põe em movimento toda vez que produz valores de uso" (MARX, 1983, p. 139, v. 1, t. I).

> Dada sua força ou capacidade de trabalho, o recurso subjetivo de cada trabalhador consiste, assim, em seu esforço na realização de ações que concorram para a concretização do objetivo. Convém lembrar que, na administração de uma empresa, não se trata do esforço de um indivíduo isolado, mas do esforço humano coletivo, ou seja, da multiplicidade de habilidades, forças, destrezas, conhecimentos, enfim as mais diferentes capacidades presentes nos diferentes componentes humanos da organização. (PARO, 2010a, p. 767)

Diante desses dois conjuntos de recursos, e tendo em mente sua adequada utilização, a multiplicidade de atividades que se dão em determinada empresa pode ser organizada em dois amplos campos também interdependentes.

> Ao primeiro desses campos, por envolver a utilização racional dos recursos objetivos na realização do trabalho, podemos chamar de *racionalização do trabalho*. Sua preocupação e escopo é a articulação ótima entre

> recursos e processos de trabalho, empregando os primeiros da forma mais racional possível – em processos que sejam concebidos e executados do modo mais adequado para o fim que se tem em mira e para os recursos de que se dispõe. O segundo campo diz respeito à utilização racional dos recursos subjetivos e pode chamar-se *coordenação do esforço humano coletivo*, ou simplesmente *coordenação*. (PARO, 2010a, p. 767, cf. PARO, 1986)

Certamente que tanto a coordenação do esforço humano coletivo quanto a racionalização do trabalho são de fundamental importância na gestão da escola básica. Quanto a isso, a primeira questão a que se deve estar atento é a necessidade de esses dois campos da administração serem vistos como dois momentos que se interpenetram e se determinam mutuamente.

> Racionalização do trabalho e coordenação cruzam-se precisamente no processo de trabalho, do qual depende a realização dos objetivos da empresa. A racionalização do trabalho, por mais que se atenha à utilização dos recursos objetivos, não pode desconsiderar que tais recursos são manipulados por pessoas, e que só "funcionam" associados aos recursos subjetivos. De igual modo, a coordenação, por mais que se ocupe da utilização do esforço humano coletivo, não pode ignorar que o escopo principal para a realização dos objetivos é a integração desses recursos aos recursos objetivos de que se dispõe. (PARO, 2010a, p. 767)

Sem esse cuidado, à primeira vista, se tenderia a atribuir a coordenação às atividades-meio (especialmente na supervisão e organização do corpo docente e não docente) e a racionalização do trabalho à atividade-fim, restringindo-a aos limites da sala de aula.

Mas o aspecto mais importante a considerar é a necessidade do rigoroso atendimento ao mencionado princípio fundamental de toda administração, segundo o qual, os meios devem ser adequados aos fins. A negligência desse aspecto pode ser trágica para a gestão escolar e frustrar completamente a aplicação, na educação, de procedimentos administrativos. Não se pode aplicar na escola métodos e técnicas apenas porque funcionam bem em empresas do sistema produtivo em geral, sem levar em conta se eles coerem com os fins da instituição escolar. Numa empresa privada do modo de produção capitalista, por exemplo, pode-se coerentemente adotar a dominação como meio de coordenação, porque esse tipo de relação é compatível com o objetivo que aí se persegue, o lucro. A mesma relação não se pode admitir numa empresa (como a escola) cujo objetivo, a educação, é precisamente antagônico a essa dominação. Para evitar equívocos dessa natureza é preciso considerar o caráter específico do empreendimento que cumpre administrar. Não se pode, portanto, minimizar o caráter *escolar* da gestão que se quer praticar. Somente com a obediência desse princípio, como veremos a seguir, podemos conceber a importância da gestão escolar para a qualidade da escola pública.

A IMPORTÂNCIA DA GESTÃO ESCOLAR

Após examinar um conceito de educação que propicia condições de estabelecer parâmetros a partir dos quais se possa aquilatar a boa qualidade da escola pública, do ponto de vista de uma sociedade democrática, e tendo estabelecido um conceito de gestão cujos princípios possam ser aplicados na escola, nosso próximo passo é verificar, pelo menos numa aproximação inicial, em que medida a gestão escolar pode contribuir para a qualidade da escola pública.

Do que foi visto, sobressai a constatação de que tal contribuição deriva inteiramente da possibilidade que a administração oferece de adequar meios a fins, cuidando da melhor utilização possível dos recursos tanto objetivos quanto subjetivos, por meio da coordenação do esforço humano coletivo e da racionalização do trabalho. Já temos estabelecido, outrossim, que o requisito determinante dessa contribuição é que não se perca de vista, em nenhum momento, o objetivo a ser colimado, isto é, a formação da personalidade do educando.

A natureza desse objetivo definirá tanto a coordenação quanto a racionalização do trabalho que, como vimos, são dois momentos que se determinam mutuamente. Então, a coordenação deve não apenas ser impregnada pelos objetivos da escola, mas também ter em mira o melhor desenvolvimento da racionalização do trabalho. Esta, por sua vez, não apenas oferecerá subsídios para a boa coordenação, mas também será influenciada pelo desenvolvimento dessa coordenação.

Dos processos de trabalho que têm lugar na escola, o de maior importância, e em função do qual os demais existem, é, sem dúvida nenhuma, aquele que consiste na atividade-fim do empreendimento escolar, ou seja, o processo pedagógico. Para a gestão escolar, portanto, o processo de aprendizado deve ser tomado como o ponto de partida e o ponto de chegada de toda reflexão e ação. O cuidado com essa relação tem sido menosprezado no que respeita a sua instrumentalização técnica porque se omite sua especificidade educativa, que exige um quefazer pedagógico que não se identifica com qualquer tipo de relação presente em outros empreendimentos produtivos. A relevância dessa questão exige que se detenha mais demoradamente na explicitação desse processo, procurando captar as razões e a maneira como ele deve determinar todo o funcionamento da instituição educativa. Trata-se, ao mesmo tempo, de se compreender como esse processo precisa desenvolver-se de modo a perseguir objetivos de formação humana, fazendo uso dos benefícios que a administração, por seus princípios, pode oferecer a esse processo, de modo a que ele se desenvolva de forma administrativamente competente.

Como vimos, quando se diz que a função por excelência da administração é a mediação na realização de fins, está-se supondo que a ação administrativa perpassa todos os momentos do empreendimento em questão. E embora o conceito de administração ou gestão esteja, em geral, muito mais associado a empreendimentos que envolvam o esforço humano coletivo, a utilização racional de recursos para atingir o fim é uma necessidade de todo trabalho humano, coletivo ou não. Outrossim, por mais individual que possa parecer o processo de aprendizado escolar (na medida em que se diz que há alguém que, singularmente, aprende), não se pode esquecer que esse aprendizado supõe uma interação entre educador e educando e é essa interação, como relação entre sujeitos, que deve ser levada em conta, quando se fala na necessária mediação da administração.

Uma maneira fecunda de abordar o processo pedagógico, de modo a revelar suas peculiaridades e explicitar suas potencialidades de realização, é começar por analisá-lo a partir dos elementos que o tipificam como um autêntico trabalho humano: uma atividade (docente e discente) orientada a um fim (a formação de personalidades humano-históricas). Como tal, o trabalho educativo envolve a presença de um *objeto de trabalho*, ou seja, aquele elemento (material ou não) de todo processo de trabalho que, nesse processo, *se transforma* e se *incorpora no produto final*. No caso da educação, o próprio educando assume essa condição de objeto de trabalho, ao se transformar em sua personalidade viva, como ser humano-histórico, à medida que se apropria da cultura. (Por estranho que possa parecer, não há nada de ilícito, em termos científicos ou éticos, nessa terminologia que assume o indivíduo humano como objeto de trabalho, desde que se tenha presente o real significado desta expressão, e desde que, precisamente por isso, se tenha consciência de que não se trata de transformações físicas, ou naturais, como acontece quando se aborda o processo de produção material em geral. Isso porque o conceito de humano-histórico não se basta, como vimos, em sua condição meramente natural.) O resultado (produto) dessa transformação (histórico-cultural) é o aluno educado, ou melhor, o aluno com a porção de "formação humano-histórica" produzida pela escola.

A compreensão desse processo é de importância decisiva quando se trata de considerar o princípio fundamental da administração, que consiste na adequação entre meios e fins. Isso porque, diferentemente das empresas do sistema econômico-produtivo de modo geral, que costumam servir de modelo para políticas públicas conservadoras, a escola tem como objetivo a realização de um produto que não é mero objeto. O ser humano, no sentido histórico em que estamos considerando aqui, tem como característica fundamental – aquela que o distingue de tudo o mais – o fato de ser *sujeito*, ou seja, a antítese do objeto. A dedução lógica é que, se o objetivo da escola é produzir sujeito, seu objeto de trabalho (educando) precisa necessariamente ser sujeito. Eis a diferença específica da escola com relação às empresas do processo produtivo em geral. Nestas o bem ou serviço a ser produzido é mero objeto. Para adequar-se a essa finalidade, os objetos de trabalho (elementos que se transformam no processo e que dão origem ao produto ou a partes deste) podem ser (na verdade, precisam ser) meros objetos, ou seja, seres (materiais ou imateriais) desprovidos de vontade própria. Na escola que verdadeiramente educa, o educando é sujeito e deve conduzir-se como tal no processo, se se pretende que ele de fato aprenda.

Mas, ser sujeito é ser detentor de vontade própria e por ela orientar suas ações. Essa condição do educando remete à constatação mais óbvia e, ao mesmo tempo, mais arrebatadora da Didática: *o educando só aprende se quiser*. É essa verdade que a escola tradicional insiste em ignorar e, por isso, provoca outra constatação bastante óbvia (e trágica): nossa escola não ensina, nem mesmo o tímido conteúdo a que se propõe. Isso porque, ao se dispor a passar só conhecimentos, omite todos os demais conteúdos (culturais) que fariam do educando sujeito. Querer aprender é um valor e, como tal, não nasce com a pessoa, é criado e recriado historicamente.

Se o aprendizado depende de uma decisão do sujeito que aprende, então, é preciso recorrer às ciências e às artes que tornam possível essa decisão. Essas ciências e essas artes, sintetizadas especialmente na Pedagogia e na Didática, ensinam lições importantíssimas que são sistematicamente ignoradas pelas políticas educacionais. Ensinam, por exemplo, que o valor relacionado à vontade de aprender está associado aos outros conteúdos culturais (artes, ciência, tecnologia, crenças, valores, direito, etc.) que não costumam ser valorizados no currículo da escola básica. Percebe-se, por aí, que a cultura em sentido pleno, além de um direito de cidadania, é um importante recurso para a efetividade do aprendizado. Ensinam também que, se o papel do professor é, antes de tudo, levar o estudante a querer aprender, ele próprio precisa estar convencido disso e só desempenhará bem seu papel de educador se for ele também um sujeito. Essa lição tem consequências óbvias para a coordenação do esforço humano coletivo na escola, cuja forma terá de ser necessariamente democrática, ou seja, na forma de convivência entre sujeitos que se afirmam como tais.

Se educação não é apenas "transmissão" de conhecimentos, mas constitui um processo que depende da participação do educando como construtor de sua própria personalidade, pela apropriação da cultura, então, mais uma vez é preciso recorrer às ciências da educação, cujas descobertas, especialmente no último século, têm elucidado a maneira como o ser humano se desenvolve em termos biológicos, psíquicos e sociais. No período mais importante da formação da personalidade, a escola básica precisa dispor do máximo de conhecimentos sobre o desenvolvimento humano, de modo a empregar formas adequadas de levar crianças e adolescentes a se envolverem na fascinante empresa de aprender significativamente.

É a natureza da educação como relação humano-histórica que deve condicionar o emprego dos recursos objetivos e subjetivos na instituição escolar. Para isso, é preciso que as conquistas teóricas e técnicas da Pedagogia e da Didática sejam o sustentáculo de uma administração escolar consonante com o princípio de adequação de meios a fins, de modo a transformar nossa velha escola tradicional, em sua estrutura e metodologia, superando as bases científicas medievais em que está assentada.

Em conclusão, é importante ressaltar que, para muitos responsáveis por políticas públicas em educação, falar sobre a importância da gestão escolar para a qualidade da escola tem sido, às vezes, uma maneira de fugir à responsabilidade de prover as condições necessárias para a escola funcionar satisfatoriamente, e pôr a culpa na falta de competência de sua gestão, ou, mais propriamente, de seu gestor (escolar), sem atentar para o caráter necessariamente pedagógico desse mister. Em contraposição a essa postura, o que podemos concluir deste ensaio é que, se a administração quer concorrer para que a escola básica tenha qualidade, ou seja, para que esta efetivamente realize seu produto, ela precisa levar em conta a especificidade do objetivo da escola e a condição histórica do objeto de trabalho aí envolvido. É por isso que não pode ser relegada a leigos que julgam saber tudo de gestão escolar sem saber nada de educação.

REFERÊNCIAS

FREIRE, Paulo. *Pedagogia do oprimido*. 2. ed. Rio de Janeiro: Paz e Terra, 1975.

GRAMSCI, Antonio. *Concepção dialética da história*. 2. ed. Rio de Janeiro: Civ. Brasileira, 1978.

MARX, Karl. *O capital*: crítica da economia política. São Paulo: Abril Cultural, 1983. v. l, t. I.

MARX, Karl. *O capital*: crítica da economia política. São Paulo: Abril Cultural, 1983. v. l, t. II.

MARX, Karl. O método da economia política. *In*: MARX, Karl. *Contribuição à crítica da economia política*. São Paulo: Martins Fontes, 1977. p. 218-226.

PARO, Vitor Henrique. A educação, a política e a administração: reflexões sobre a prática do diretor de escola. *Educação e Pesquisa*, São Paulo, v. 36, n. 3, p. 763-778, set./dez. 2010a.

PARO, Vitor Henrique. *Administração escolar*: introdução crítica. São Paulo: Cortez, 1986.

PARO, Vitor Henrique. *Educação como exercício do poder*: crítica ao senso comum em educação. 2. ed. São Paulo: Cortez, 2010b.

PARO, Vitor Henrique. Educação para a democracia: o elemento que falta na discussão da qualidade do ensino. In: PARO, Vitor Henrique. *Escritos sobre educação*. São Paulo: Xamã, 2001. p. 33-47.

VÁZQUEZ, Adolfo Sánchez. *Filosofia da práxis*. 2. ed. Rio de Janeiro: Paz e Terra, 1977.

QUALIDADE DA EDUCAÇÃO: QUALIDADE DE ESCOLAS

JOSÉ FRANCISCO SOARES

INTRODUÇÃO

Primeiramente é preciso delimitar o tema a ser tratado neste ensaio, já que as palavras *educação* e *qualidade* são usadas na literatura educacional com muitos sentidos e nuances. A influente definição de educação introduzida por Durkheim estabelece que

> A educação é a ação exercida pelas gerações adultas sobre as gerações que não se encontram ainda preparadas para a vida social, tem por objeto suscitar e desenvolver na criança certo número de estados físicos, intelectuais e morais reclamados pela sociedade política no seu conjunto e pelo meio especial a que aquela criança, particularmente se destina (DURKHEIM, 1977, p. 42).

Esta definição não explicita quais são os objetivos da educação, nem as estruturas a serem usadas para se atingi-los. No caso brasileiro, isto é feito pelo art. 205 da Constituição Federal de 1988[18] e pelo art. 1º da Lei de Diretrizes e Bases da Educação.

[18] Art. 205 A educação, direito de todos e dever do Estado e da família, será promovida e incentivada com a colaboração da sociedade, visando o pleno desenvolvimento da pessoa, seu preparo para o exercício da cidadania e sua qualificação para o trabalho

A descrição dos objetivos da educação, contida no artigo constitucional, ainda não é suficientemente explícita para informar projetos pedagógicos que precisam de uma especificação mais detalhada das competências em torno das quais deve organizar o ensino. Uma forma útil de explicitar esses objetivos é dividir as competências esperadas em duas categorias. A primeira contempla competências mais cognitivas, a capacidade de expressão na língua materna, a matemática e capacidade de uso das ciências naturais e humanas nas situações da vida. Internacionalmente, toma-se o grau de sucesso na aquisição destas competências como o mais importante indicador da qualidade de um sistema educacional. A segunda categoria engloba as competências sociais, afetivas e éticas, *i.e.*, o desenvolvimento dos talentos naturais dos alunos, a aquisição de maturidade emocional, reconhecimento que a solução de conflitos deve ser pela via pacífica, transmissão de valores culturas globais e locais para as futuras gerações, cidadania enfim.

Para que as crianças e jovens desenvolvam estas competências, é necessário o concurso de várias estruturas sociais, que ofereçam diferentes formas de aprendizado. A LDB, Lei nº 9.394/96 de Diretrizes e Bases da Educação, explicita o papel dessas estruturas sociais na educação.[19]

O art. 208 da Constituição Federal estabelece que o dever do Estado em relação à educação se concretiza quando organiza ou autoriza o funcionamento de instituições cuja finalidade é, através do ensino, desenvolver naqueles que as frequentam as competências esperadas. Por isto a LDB trata apenas da educação escolar, ou seja, aquela parte da educação que ocorre em escolas. De maneira análoga, este texto trata apenas da qualidade da educação escolar, advogando que seja entendida como qualidade das escolas.

No entanto, como a escola não pode se ocupar do ensino de todas as competências que a sociedade deseja para seus cidadãos, apenas parte dos objetivos educacionais serão de sua responsabilidade única. Por exemplo, a família, a religião, são forças muito mais poderosas do que a escola na formação da visão de mundo e dos valores de cada criança ou jovem. Assim sendo, a escola não pode ser responsabiliza-

[19] Art. 1º A educação abrange os processos formativos que se desenvolvem na vida familiar, na convivência humana, no trabalho, nas instituições de ensino e pesquisa, nos movimentos sociais e organizações da sociedade civil e nas manifestações culturais.
§ 1º Esta Lei disciplina a educação escolar, que se desenvolve, predominantemente, por meio do ensino, em instituições próprias.

da sozinha por insucessos nessas áreas, mas deve responder majoritariamente pelo eventual fracasso de seus alunos no aprendizado das competências cognitivas.

Neste texto assumimos que cada escola pertence a uma *rede de escolas* que influencia de alguma forma suas opções e rotinas pedagógicas e administrativas. Chamaremos de rede municipal ou estadual o conjunto das escolas geridas pelo município ou estado e também de rede ao conjunto das escolas de uma denominação religiosa ou ainda às escolas que usam o apoio pedagógico de uma empresa privada. Assim, neste texto os termos rede de escolas e rede de ensino são sinônimos. O conceito de *sistema de ensino* como estabelecido na LDB tem interesse mais legal do que pedagógico e não será utilizado neste texto.

Fixadas todas essas definições, este ensaio argumenta que o conceito de "qualidade da educação" deve ser identificado, para efeito de estudos de políticas públicas que visem garantir o direito constitucional à educação, com a qualidade das escolas. Embora este texto se concentre no estudo do monitoramento de escolas, há outras unidades de análise que podem ser usadas: uma rede de escolas, ou todas as escolas de um município, estado ou país. As muitas especificidades destas situações impedem seu tratamento neste texto.

DIREITO À EDUCAÇÃO, DIREITO DE APRENDER

No Brasil pode-se acompanhar a discussão dos direitos educacionais pelo seu registro nas muitas constituições que o País teve. Como detalhado por Fávero (2005), nos primórdios a discussão sobre direitos educacionais foi dominada pela necessidade de oferecimento de oportunidades educacionais através da organização de instituições públicas de ensino. Logo depois aparece a temática da expansão do acesso à educação escolar a diferentes grupos, excluídos nas primeiras formulações. Durante anos o direito de ensinar foi um tema importante, na defesa do ensino religioso. Depois dominam os temas da gratuidade, e obrigatoriedade como condições fundamentais para que o direito fosse atendido. A partir da constituição de 1988 entra no debate o conceito de direito público subjetivo à educação e a questão da qualidade.

Internacionalmente, também houve mudança recente na definição dos direitos educacionais, os quais até pouco tempo eram definidos unicamente como acesso à escola, com pouca ou nenhuma referência à ocorrência ou não de aprendizado. Isto mudou nos acordos internacionais a partir da "Convention on the Rights of the Child". Essa convenção, adotada pela ONU em novembro de 1989 e ratificada pelo

Brasil em 27 de Fevereiro de 2004, estabelece que a educação deve permitir a cada criança desenvolver na forma mais completa possível o seu potencial cognitivo, emocional e criativo. Isto reflete o entendimento de que todos os alunos podem desenvolver as competências básicas se forem expostos a um ambiente educacional apropriado. O fato de que muitos que vão à escola não desenvolvem estas competências é devido em parte a deficiências observadas na escola que frequentam.

Tomar o aprendizado como expressão essencial do direito educacional tem várias consequências, entre elas a sua consideração como finalidade central da educação escolar e, consequentemente, critério básico para monitoramento e avaliação de uma escola. No caso brasileiro essa nova ideia manifestou-se de forma contundente na escolha da primeira meta do Compromisso Todos pela Educação, criado pelo Decreto nº 6.094, de 24 de abril de 2007, o qual diz que esta iniciativa visa "estabelecer como foco a aprendizagem, apontando resultados concretos a atingir". Tanto a Constituição Federal de 1988 quanto a Lei de Diretrizes e Bases de 1996 já indicavam que, vencida a etapa da garantia do acesso ao ensino básico, o atendimento do direito à educação dos alunos pressupõe o aprendizado das competências que viabilizem "o pleno desenvolvimento da pessoa, seu preparo para o exercício da cidadania e sua qualificação para o trabalho".

As escolas, durante longos anos, estiveram centradas na figura do professor. Se o aluno aprendia ou não, tratava-se de um problema essencialmente pessoal e não institucional. Naturalmente, nesta visão, não há fracasso da escola, mas apenas do aluno. Como mostra Patto (1990), as teorias do dom e do déficit cultural eram amplamente difundidas e introjetadas no projeto pedagógico das escolas.

Além disso, a discussão da vinculação ideológica da escola com o estado e de seu uso para a manutenção de divisões sociais foi durante longos anos o modelo conceitual preferido para a análise das escolas. Finalmente registra-se a influência de Coleman (1966) e Bourdieu (1975) sobre a enorme influência que as famílias têm no aprendizado das crianças no debate educacional brasileiro. Ultrapassa o objetivo de este texto analisar o pessimismo pedagógico no pensamento educacional brasileiro resultante destas linhas de pensamento.

A hipótese central desse ensaio é que a educação escolar e, portanto, as escolas, são essenciais para garantir o direito constitucional à educação, como definidos pela sociedade que institui e mantém as escolas. O leitor interessado encontra em Cury (2002) uma reflexão ampla sobre a temática do direito à educação e em Ranieri e Righetti (2009) uma atualizada discussão dos aspectos jurídicos da questão.

APRENDIZADO

O desempenho cognitivo de um estudante, reflexo de seu aprendizado e evidência empírica que seus direitos educacionais foram atendidos, é, no entanto, resultado da ação concomitante de características pessoais, de sua família, da escola frequentada e, dentro desta, das ações que ocorrem na sala de aula, que podem ser atribuídas ao professor e aos outros alunos. Reflete também as decisões da rede de escolas que, por sua vez, incorpora as decisões da sociedade.

A dependência do aprendizado de um grande número de fatores mostra que a ação do estado, criando e mantendo as escolas, isoladamente, não é suficiente para garantir a ocorrência do aprendizado. Isto justifica o cuidado do legislador em incluir a família, a estrutura que, isoladamente, mais determina os resultados educacionais, no art. 205 da Constituição.

O modelo conceitual apresentado na FIG. 1, modificação de outro semelhante apresentado em Soares (2005), sintetiza essas ideias mostrando as estruturas que agem concomitantemente para a produção da proficiência. Assume que o estudo da educação escolar, através dos seus resultados nos alunos, deve considerar diferentes níveis: os alunos, a sala de aula, a escola, as redes e a sociedade. Cada nível tem características próprias, que não estão presentes no nível anterior. Assim, uma escola tem características que vão além daquelas típicas de um mero conjunto de salas de aula. O mesmo se aplica a uma rede de escolas que é mais do que um conjunto de escolas. Por exemplo, toda a complexidade das secretarias de educação e de órgãos centrais da administração das redes públicas precisa ser considerada no estudo da educação escolar.

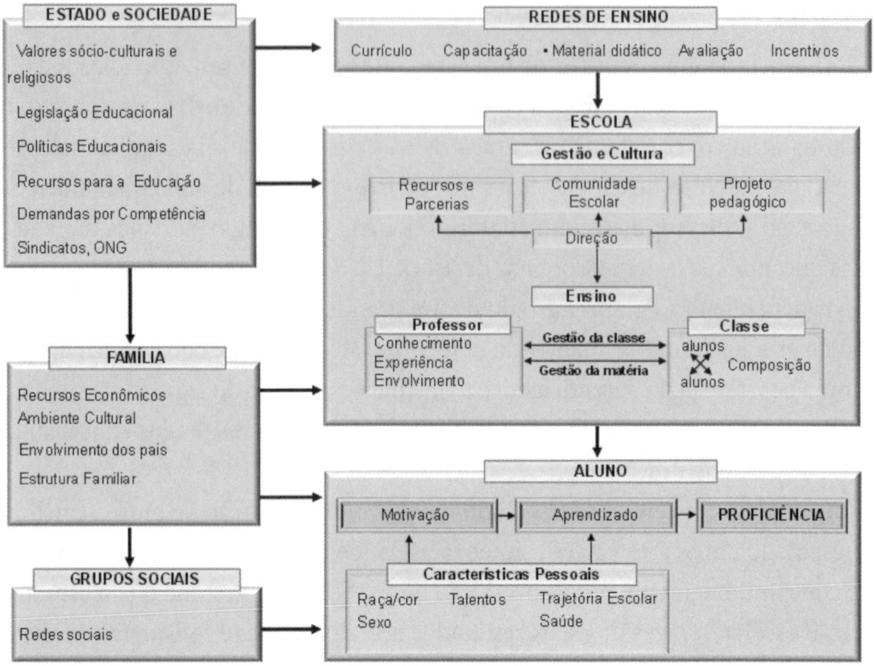

FIGURA 1. Modelo Conceitual explicativo da Proficiência
Fonte: Modificação de modelo apresentado em Soares (2005).

No entanto, independentemente de outras influências, a escola deve funcionar da melhor maneira possível, de forma a facilitar o aprendizado de seus alunos. Claro que, se todas as outras estruturas associadas à proficiência estiverem também funcionando adequadamente, o resultado dos alunos será ainda melhor. Por isso enfatizamos com mais detalhes a escola, a instituição dedicada à promoção do aprendizado de competências cognitivas e sociais dos alunos.

ESCOLAS

Vamos nos restringir neste texto às organizações autorizadas pelo Estado a oferecer o ensino básico: infantil, fundamental e médio. A escola de educação básica é a comunidade educativa, estrutura da educação formal e o local onde a educação escolar se concretiza. Distingue-se das outras estruturas educativas pela sua intencionalidade e pela organização decorrente desta mesma intencionalidade. Neste sentido, é uma reunião voluntária de um grupo profissional com funções pedagógicas e um grupo de crianças e/ou jovens ainda em processo de formação de aspectos de seu desenvolvimento pessoal. O primeiro grupo tem uma tarefa de instrução e educação e o segundo a oportunidade de aprender e de se educar. A interação entre os dois grupos se dá, hoje, de forma dialógica, ainda que seus papeis sejam claramente diferenciados.

As escolas surgiram nas diferentes sociedades para atender aos interesses tanto das famílias quanto do Estado. Com o desenvolvimento industrial, as famílias perceberam que não mais conseguiam, isoladamente, ensinar tudo que a criança precisaria saber para uma melhor inserção na sociedade. Por isto apoiaram e demandaram a criação das escolas. O Estado também precisa da escola para criar identidade e unidade nacional, através da língua e consolidar a cultura. Assim, já desde o seu início a escola foi criada para desempenhar várias funções. Por isto é razoável afirmar que a escola ganha sua legitimidade social na medida em que seus alunos aprendem as competências cognitivas e os valores sociais e culturais da sociedade. Estas são definições e temas usuais da sociologia da educação, como pode ser visto em Brint (1998).

Utilizaremos, para estudar o estabelecimento escolar, o modelo estrutural sintetizado na FIG. 2, uma adaptação do modelo usado pela *European Foundation for Quality Management* que incorpora também ideias do modelo CIPP de avaliação de programas introduzido por Stufflebeam (2000). Um estudo mais amplo da escola exigiria também o uso de modelos funcionais, no qual seriam explicitadas as etapas dos vários processos, através dos quais, a escola cumpre suas funções.

FIGURA 2. Modelo conceitual para uma organização escolar
Fonte: EFQM – O Modelo de Excelência: versão pequenas e médias empresas.

A estrutura de uma organização é definida por Mintzberg (1979) como a maneira como o trabalho, necessário para a produção dos resultados da organização, é dividido em tarefas distintas e a respectiva forma de coordenação. O modelo conceitual adotado neste texto para a organização escolar tem três grandes estruturas: os meios, os processos e os resultados.

A escola, de forma muito evidente, reflete a sua liderança, exercida pela direção, usualmente na figura de sua diretora. Para concretizar os objetivos da escola, a liderança busca recursos físicos e humanos fornecidos por professores e pessoal de apoio e parcerias, principalmente com os pais dos alunos, e os utiliza na implementação de práticas e políticas pedagógicas. Os processos escolares, entre os quais se destaca o processo de ensino-aprendizagem, são organizados para produzir os resultados almejados.

Os resultados escolares são de várias naturezas. Os alunos querem não só aprender, mas também conviver e viver bem enquanto frequentam a escola. Os professores e outros profissionais esperam encontrar na escola um local agradável para o seu exercício profissional, com oportunidades de aperfeiçoamento e recompensas pelo trabalho bem feito, entre as quais se destaca um bom salário. A sociedade, representada, principalmente, pelas famílias dos alunos, tem várias demandas: a escola deve ajudar na preservação da cultura da comunidade, formar as crianças e jovens como cidadãos participantes e críticos com hábitos saudáveis de saúde, respeito ao meio ambiente, capacidade de conviver com pessoas diferentes, resolvendo os conflitos pela via pacífica. Os pais esperam também serviços simples da escola, como a guarda de seus filhos durante o seu período de trabalho. Mas a escola é, principalmente, uma estrutura social organizada para exercer uma função pedagógica claramente definida: oportunizar o aprendizado de seus alunos dos conhecimentos e habilidades que lhes possibilitem a inserção na sociedade e no mundo do trabalho. Assim sendo, embora o objetivo da escola não seja apenas o aprendizado de conteúdos cognitivos de seus alunos, será considerada ilegítima quando esse aprendizado não ocorre.

Essas estruturas escolares são descritas em muitos textos de caráter conceitual na literatura gerencial. Este tipo de abordagem, bem sintetizado em Visscher (1999), assinala as especificidades da organização escolar que devem ser respeitadas, por exemplo, na escolha de seu modelo de gestão. Outra vertente da literatura, usualmente denominada de eficácia escolar, sintetizada nos vários artigos incluídos em Brooke e Soares (2008), mostra como cada uma das estruturas definidoras da escola, principalmente sua cultura, se associa ao aprendizado de seus alunos.

QUALIDADE DE ESCOLAS

A tese central deste ensaio consiste em definir qualidade da *educação* escolar como qualidade da *organização* escolar e na afirmativa que estudar a qualidade de uma escola consiste em verificar se cada uma de suas estruturas está funcionando a contento. Diante disso, a qualidade de uma escola deve ser desdobrada na qualidade de cada uma das estruturas do modelo conceitual, apresentadas na FIG. 2. Assim, a escola de qualidade é aquela que tem como valor fundamental a garantia dos direitos de aprendizagem de seus alunos, dispõe de infraestrutura necessária, ensina o que é relevante e pertinente através de processos eficazes e utiliza os recursos disponíveis, sem desperdícios. Seus professores e funcionários e os pais dos alunos estão satisfeitos e os alunos mostram, através de formas objetivas que aprenderam o que deles se esperava.

Com este marco teórico, a qualidade da organização escolar não pode ser reduzida a uma característica latente medida através de um único indicador. É mais adequadamente caracterizada por um conjunto de indicadores, muitos deles necessários na rotina da gestão da escola.

O relatório "Monitoring School Quality: An Indicators Report" (U.S. Department of Education, 2000) preparado para o departamento de Educação dos Estados Unidos sugere 10 indicadores em três categorias: *Contexto escolar*, *Professores e Sala de aula*. Oakes (1986) propõe também três grupos de indicadores. O primeiro denominado *acesso ao conhecimento* capta o sucesso da escola em oferecer a seus alunos oportunidades de aprender as várias competências e conteúdos. O segundo grupo, *pressão para o desempenho*, enfatiza a existência de práticas institucionais que levam os alunos a se dedicarem aos estudos. O terceiro denominado *condições para um ensino profissional* agrega as condições oferecidas aos professores para implementar suas opções instrucionais. O UNICEF (2000) recomenda que a organização escolar deve ser monitorada com indicadores de cinco dimensões: *alunos*: foco nos direitos dos alunos; *ambiente*: infraestrutura adequada à suas funções; *conteúdo*: relevância e pertinência; *processos*: adequados e compatíveis com a comunidade atendida; *resultados*: qualidade e equidade; *custos*: ausência de desperdícios. Finalmente cabe registrar que os sete critérios propostos na síntese de Willms (1992, p. 71) continua atual e útil.

No Brasil ainda não há consenso sobre qual conjunto de indicadores deve ser usado rotineiramente, talvez devido ao fato de que poucas vezes a escola foi analisada de forma abrangente, como a proposta neste ensaio. Por outro lado, operacionalizar um conjunto de indicadores implica em explicitar os instrumentos de coleta necessários para cada um, tarefa que ultrapassa o escopo deste texto. No entanto, considerando o modelo conceitual adotado neste ensaio e a literatura citada, sugerimos que uma escola seja descrita por indicadores nas seguintes categorias:

1) *alunos*: número e características sociodemográficas: nível socioeconômico, capital cultural, dedicação e motivação;
2) *recursos*: infraestrutura para o trabalho pedagógico, turnos de funcionamento, salários;
3) *professores*: capacitação para o ensino, experiência, envolvimento;
4) *projeto pedagógico*: currículo: expectativas de aprendizagem, relevância e pertinência, formas de ensino, uso de tecnologias;
5) *cultura*: ênfase no aprendizado, disciplina, relação com a comunidade, colegialidade das decisões;
6) *gestão*: liderança, rotina dos processos: alocação de professores, regularidade do uso do tempo escolar, prestação de contas;
7) *resultados*: aprendizado dos alunos, satisfação dos pais, professores e alunos;
8) *custos*.

Destas categorias, apenas a de resultados dos alunos tem indicadores estabelecidos e formas de medida já estabelecidas. Com a introdução do SAEB em 1995 difundiu-se no Brasil o uso de escalas para a medida da proficiência dos alunos em leitura e matemática, dois importantes resultados do processo de ensino-aprendizagem de grande relevância social. Essas medidas têm sido calculadas para as escolas públicas e, recentemente, agregadas com o fluxo no IDEB. Para uma avaliação crítica deste indicador, ver Soares (2011).

Embora muito úteis, deve-se enfatizar que esses indicadores captam apenas uma das dimensões pelas quais as escolas devem ser olhadas. Mesmo com a agregação, nas avaliações de larga escala dos governos, de questionários para alunos e professores e famílias, há indicadores importantes para o conhecimento da escola que não são ainda coletados. Por exemplo, não há ainda formas de coleta de informações sobre a execução das expectativas de aprendizagem, apesar da importância crucial de acompanhamento dessa dimensão para a melhoria dos resultados cognitivos da escola.

MONITORAMENTO E AVALIAÇÃO DE ESCOLAS

Todos os processos de uma organização devem ser individualmente monitorados. Nisto constitui a rotina da administração de qualquer organização, inclusive a escolar. Mas, além deste nível micro, como no Brasil, as escolas devem ser autorizadas e avaliadas pelo Estado, o conjunto de indicadores para o monitoramento das escolas deve ser desenvolvido de forma a também a ser útil para estas finalidades legais. Ou seja, a escola deve ser vista também através de indicadores gerais que permitam caracterizá-la independentemente de sua opção pedagógica ou gerencial. Os valores julgados adequados para cada indicador devem ser estabelecidos no seu processo de desenvolvimento.

A avaliação de escolas tem sido considerada na literatura educacional uma atividade que visa atribuir valor, uma definição muito restrita e estática. Na realidade a avaliação deve ser organizada principalmente para a identificação de mudanças nas suas estruturas, de forma a obter resultados escolares mais alinhados com as expectativas dos membros da comunidade escolar. Noutras palavras, a avaliação da escola visa identificar as mudanças nas políticas, práticas e recursos necessários para que os indicadores assumam os valores adequados. Assim sendo, não se melhoram as escolas, mas cada escola. Regras gerais de melhoria são importantes, mas não substituem a reflexão dentro de cada escola.

Ou seja, a avaliação de uma escola no sentido aqui atribuído é atividade, é interna, e é mais adequadamente descrita como um exercício de planejamento estratégico da organização, realizada para responder às perguntas: Onde estamos? Aonde queremos chegar? Como vamos fazer para chegar lá? Diante disso, só pode acontecer em uma organização escolar que tem na sua rotina espaços e hábitos de reflexão sobre a sua prática. Além disso, a operacionalização de uma avaliação deve ser construída respeitando-se as opções organizacionais e pedagógicas da escola. Como uma escola é uma organização pouco hierarquizada, (VISSCHER, 1999, p. 8) seu processo de avaliação só pode ser adequadamente realizado com a cooperação próxima de todos os membros da comunidade escolar, principalmente dos professores.

No entanto, a motivação ou a percepção da necessidade da instalação de uma avaliação é usualmente fornecida por uma ação externa como, por exemplo, a publicação de uma medida do desempenho dos alunos da escola. Resultados ruins nessa medida indicam a presença de problemas, que precisam ser identificados, nas estruturas ou processos. Bons resultados indicam que metas mais desafiadoras podem ser consideradas. Nesse sentido, a criação do IDEB mudou o cenário das escolas públicas brasileiras, pois evidenciou quais escolas públicas precisam melhorar o desempenho de seus alunos, para o que o primeiro passo é exatamente uma avaliação. Deve-se destacar, ainda, que a mera produção de indicadores não caracteriza uma avaliação, já que estes podem ser produzidos de forma mecânica para atender a pressões externas.

O processo de avaliação de uma escola, considerando a sua complexidade, poucas vezes indica uma intervenção única, mas identifica problemas e várias possíveis soluções. A adoção de uma ou outra solução exige a consideração de aspectos além daqueles presentes em um processo de avaliação. Em particular, o modelo de gestão usado pela escola influencia decisivamente qual solução será adotada. Um exemplo ajuda no entendimento. Com grande frequência nas escolas públicas, um problema identificado em suas avaliações é a necessidade de melhoria na manutenção de suas instalações físicas, inclusive medidas preventivas na rede elétrica e hidráulica, da limpeza dos espaços escolares, etc. No entanto, a forma de solução dependerá do nível de autonomia administrativa e financeira que a escola possui. Em muitos casos esta autonomia ainda é pequena, fazendo com que a solução possível para esses problemas rotineiros seja a busca de apoio dos órgãos centrais.

No processo de definição das soluções para problemas identificados na dimensão da cultura da escola há uma extensa literatura denominada de "escola eficaz", cujos artigos clássicos estão disponíveis em Brooke e Soares (2008). Esses artigos fornecem um seguro guia para que a escola, durante e após um processo de avaliação interna, procure identificar as mudanças necessárias. Mostram a importância da cultura da escola e apresenta com detalhes que tipo de cultura está mais presente em escolas que fazem a diferença para seus alunos.

Outras vertentes acadêmicas são também usadas como marco teórico para a avaliação de escolas, apesar de suas limitações para esta finalidade. A primeira é denominada de "pesquisa dos fatores associados". Nessa abordagem, o trabalho de avaliação começa com a associação, através de modelos estatísticos de regressão linear, entre as informações de questionários contextuais dos programas de avaliação em larga escala do ensino básico e o resultado observado dos alunos. Em seguida, intervenções nas variáveis consideradas estatisticamente significativas são recomendadas, assumindo-se que um dado resultado escolar ocorrerá se os fatores escolares e não escolares considerados no modelo estatístico de análise estiverem presentes e na quantidade certa. Na realidade, os modelos subjacentes a essas pesquisas não conseguem considerar toda a complexidade dos determinantes de aprendizado dentro e fora da organização escolar. Além disso, nunca é possível obter dados de todos os fatores que influenciam o resultado. Para isto basta apreciar a complexidade dos determinantes de desempenho individual apresentado na FIG. 1. No mundo real há sinergias entre os fatores e também compensação da ausência de algum por outro. A grande utilidade destes trabalhos é a identificação da influência de alguns fatores, mas são insuficientes para sugerir, automaticamente, intervenções escolares. Uma análise crítica da limitação deste tipo de abordagem pode ser encontrada em Podurgsky (2001).

Outra vertente assume que a escola é apenas mais um exemplo de uma "indústria de serviço" e que para seu bom funcionamento basta a padronização dos seus processos. Embora a ideia de padronização tenha clara utilidade em processos acessórios na escola, como o funcionamento da limpeza, da secretaria ou da manutenção, este modelo é pouco adequado para a análise do processo principal da escola que é o de ensino/aprendizagem. Nesse caso, a complexidade das interações entre pessoas com suas preferências, desejos e histórias não permite atribuir centralidade à ideia de padronização.

Finalmente há um tipo de visão, muito disseminada no Brasil, que nega a utilidade de avaliação externa das escolas, já que as formas adequadas para sua melhoria já seriam conhecidas. Para se obterem melhores resultados no aprendizado dos alunos bastaria melhorar a formação dos professores e aumentar seus salários. Subjaz a esta proposta a ideia de que o professor capacitado, satisfeito e dedicado seria um espécie de herói capaz de sozinho promover o aprendizado de seus alunos, sem a ajuda das dimensões organizacionais e do conjunto dos outros professores. Maior detalhamento dessa abordagem pode ser encontrado, por exemplo, em Santos (2002).

A próxima seção mostra como dados já existentes podem ser usados para se conhecer melhor a capacidade das escolas de educação básica de garantir o direito de aprender de seus alunos. Embora, como dito, não se possa reduzir a análise das escolas a este tipo de dado, seu uso traz informações úteis.

EFEITO DAS ESCOLAS PÚBLICAS DE ENSINO FUNDAMENTAL

A Prova Brasil, organizada pelo INEP/MEC e aplicada a cada dois anos desde 2005 consiste em um teste preparado para medir o desempenho em Leitura e Matemática dos alunos do ensino fundamental. São testados os alunos das escolas públicas brasileiras da quarta e oitava séries (quinto e nono anos) das escolas públicas urbanas com mais de vinte alunos na série. Os resultados são divulgados agregados por escola, municípios e redes de ensino e os microdados referentes ao ciclo de 2007 estão disponíveis para análises. O desempenho dos alunos na Prova Brasil é medido nas escalas oficiais de proficiência do Sistema de Avaliação da Educação Básica (SAEB). Para cada ponto dessa escala sabe-se o que um aluno, com proficiência naquele ponto, conhece e é capaz de fazer.

Junto com a Prova Brasil, os alunos respondem a um pequeno questionário contextual que coleta informações demográficas, socioeconômicas, culturais. Com esses dados e com o uso de modelo estatístico adequado, pode-se retirar do desempenho, o efeito do sexo, da cor/raça, do atraso escolar, do nível socioeconômico da família do aluno e, assim, obter-se uma medida do efeito da escola, ou seja, quantos pontos o desempenho dos alunos de uma escola aumentam como consequência apenas de suas práticas e políticas internas. Como explicado em Soares (2004) é necessário considerar as características socioculturais do alunado para o cálculo do efeito escola, já que as vantagens que os alunos trazem de sua vida familiar não devem ser confundidas com a ação da escola.

A TAB. 1 mostra as variáveis, construídas com as informações coletadas nos questionários da Prova Brasil, utilizadas para o cálculo do efeito das escolas.

TABELA 1. Variáveis incluídas no modelo usado para cálculo do efeito das escolas

VARIÁVEL	VALORES
Proficiência	Escala contínua: Proficiência do aluno nas provas de língua portuguesa e matemática
Sexo	Variável indicadora: 0 Masculino 1 Feminino
Pardo	Variável indicadora: 0 Branco 1 Pardo
Preto	Variável indicadora: 0 Branco 1 Preto
Amarelo	Variável indicadora: 0 Branco 1 Amarelo
Indígena	Variável indicadora: 0 Branco 1 Indígena

Atraso Escolar	Variável discreta: 0 Sem atraso 1 ano de atraso 2 anos de atraso 3 anos ou mais de atraso
NSE	Escala contínua: Medida em escala padronizada com valores típicos no intervalo entre 3 a 3
MNSE	Escala contínua: Média do NSE dos alunos de uma escola.
MATRASO	Escala contínua: Média do atraso escolar dos alunos de uma escola.

Fonte: Produção própria - resultados com as informações coletadas nos questionários da Prova Brasil

O atraso escolar registra a diferença entre a idade que o aluno deveria ter quando cursa a série, na qual foi avaliado e sua idade real. Assim um aluno pode estar regular – atraso igual a 0 – ou ter 1, 2, 3 ou mais anos de atraso. O nível socioeconômico (NSE) da família é obtido por meio da agregação de itens do questionário relacionados ao conforto doméstico (bens de consumo e presença de empregada doméstica) e escolaridade dos pais. Esses itens são usualmente incluídos em pesquisas do tipo *survey* para inferir o nível socioeconômico das famílias, em vez de se perguntar diretamente a renda da família, que dificilmente produz respostas válidas quando respondidas por alunos jovens. Para a agregação desses itens em uma medida de NSE utilizou-se uma técnica de estatística multivariada denominada de Teoria da Resposta ao Item – TRI (HAMBLETON, 1993). Esse tipo de ferramenta, mais conhecida no Brasil para a produção das proficiências de alunos que respondem a testes de avaliação educacional, vem sendo utilizada em pesquisas sociais para a construção de variáveis latentes, como nível socioeconômico (ALVES; SOARES, 2009; SOARES; ANDRADE, 2006; SOARES, 2005). Essas variáveis, além de serem consideradas para cada aluno, são também tomadas como características das escolas. Sabe-se que um dos fatores mais associados a melhor desempenho é o NSE médio da escola. Isto porque a presença de muitos alunos de nível cultural e econômico mais alto em uma escola cria uma situação favorável à aprendizagem, fruto não das políticas pedagógicas da escola, mas reflexo de suas estratégias de seleção de alunos. Assim o efeito destas variáveis deve ser retirado para se obter o efeito da escola.

O modelo apresentado a seguir é utilizado para o cálculo do efeito da escola. Neste modelo, a variável resposta é a proficiência do aluno (*Yij*) e as variáveis explicativas são características sociodemográficas, todas fora do controle da escola, cujo efeito deve ser controlado para que se possa medir o efeito da escola. Importante observar que o efeito destas variáveis no desempenho do aluno se manifesta tanto no nível do aluno individual (nível 1), quanto no coletivo da escola (nível 2). Com frequência, observa-se que o efeito de uma variável é muito mais evidente no nível coletivo. Por exemplo, uma escola na qual muitos alunos estão defasados constitui-se em um ambiente escolar menos favorável ao aprendizado de todos.

MODELO ESTATÍSTICO

Nível 1: $Y_{ij} = \beta_{0j} + \beta_{1j}\,\underline{NSE}_{ij} + \beta_{2j}\,SEXO_{ij} + \beta_{3j}\,PARDO_{ij} + \beta_{4j}\,PRETO_{ij} + \beta_{5j}\,AMARELO + \beta_{6j}\,INDÍGENA + \beta_{7j}\,ATRASO_{ij} + r_{ij}$

Nível 2: $\beta_{0j} = \gamma_{00} + \gamma_{01}\,\underline{MNSE}_{j} + \gamma_{02}\,MATRASO_{j} + u_{0j}$

A TAB. 2 apresenta as estimativas dos parâmetros do modelo ajustado para os resultados obtidos no teste de Leitura da quarta série, na Prova Brasil de 2007.

TABELA 2. Parâmetros do modelo para o desempenho em Leitura – Quarta Série

PARÂMETRO	ESTIMATIVA	DESVIO	RAZÃO T	SIG.
Intercepto	181,57	0,11	1585,98	0,00
Sexo	9,07	0,06	161,44	0,00
Pardo	-0,53	0,07	-8,13	0,00
Preto	-10,06	0,10	-101,77	0,00
Amarelo	-5,84	0,22	-27,09	0,00
Indígena	-0,51	0,15	-3,34	0,00
NSE	2,58	0,07	37,92	0,00
MNSE	30,44	0,30	102,18	0,00
Atraso	-13,66	0,14	-97,84	0,00
MAtraso	-30,72	1,35	-22,77	0,00

Fonte: Produção própria – resultados dos modelos de análise com dados da Prova Brasil/INEP-MEC.

Os resultados obtidos são compatíveis com os observados em outros estudos. De maneira geral, as meninas têm melhor desempenho em Leitura do que os meninos, a diferença entre Pardos e Brancos é menor que a diferença entre Pretos e Brancos e o impacto do nível socioeconômico médio da escola é particularmente grande. Uma possível explicação para o fato, não esperado, de melhor desempenho dos alunos amarelos em relação aos brancos é a dificuldade de os alunos mais novos se caracterizarem ou não como amarelos, característica que, fora de alguns estados, onde a imigração japonesa é mais presente, não parece estar necessariamente associada a alunos de ancestralidade japonesa ou chinesa. O nível socioeconômico e o atraso escolar tanto no nível individual como coletivo afetam de forma clara as proficiências dos alunos.

O efeito de escolas é captado pelo termo *u0j* do modelo. Este parâmetro é a diferença entre o desempenho médio da escola e um nível padrão, definido a partir da das escolas consideradas em cada estudo, controlando-se pelos fatores considerados no modelo de análise (WILLMS, 1992). Assim, valores positivos de *u0j* indicam que a respectiva escola possui práticas internas que levam seus alunos a resultados melhores do que era esperado, comparando-se essa escola com outras de alunado semelhante e incluídas na amostra. Analogamente, as escolas com *u0j* negativo, têm um desempenho abaixo da média das escolas semelhantes incluídas no estudo.

Importante enfatizar que a medida do efeito escola *u0j* depende das escolas incluídas na amostra. Assim, uma escola pública talvez apresente um efeito escola maior quando analisada no âmbito da Prova Brasil do que teria se fosse parte de um levantamento que incluísse também escolas privadas.

O histograma, apresentado no GRÁF. 1 mostra o efeito escola das escolas que oferecem a quarta série – quinto ano – obtido com os dados da Prova Brasil de 2007.

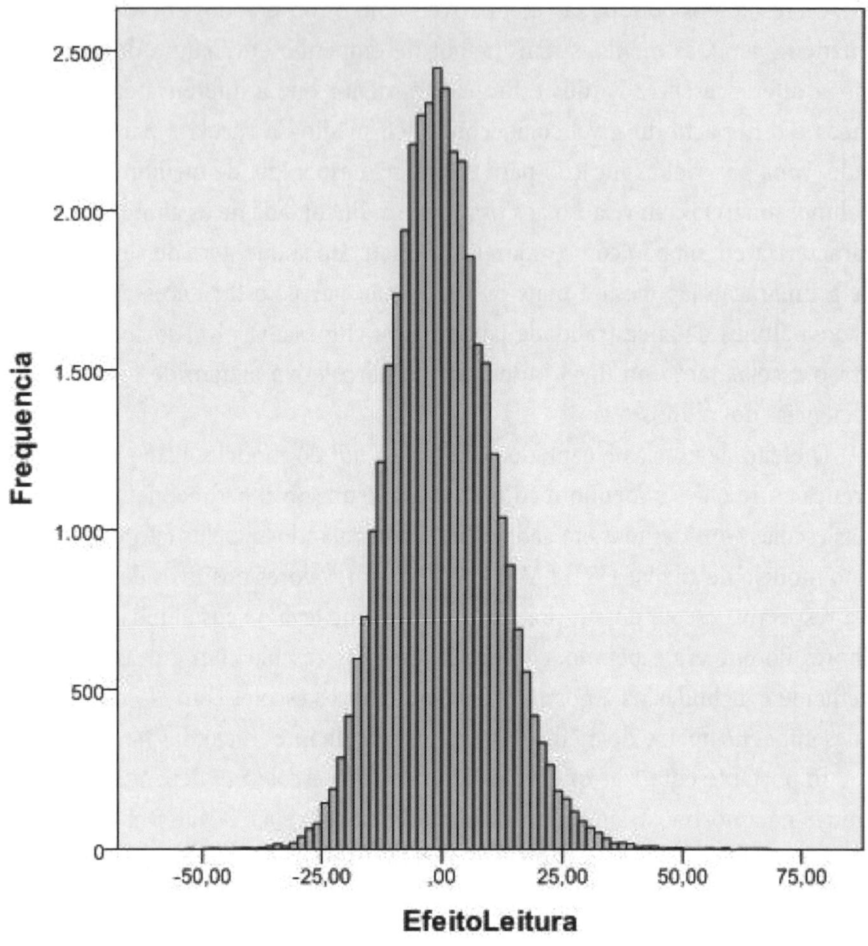

GRÁFICO 1. Efeito escola em Leitura: Prova Brasil 2007
Fonte: Produção própria – resultados obtidos com os dados da Prova Brasil de 2007.

O uso do modelo acima nos dados da Prova Brasil de 2007 identificou 636 escolas com efeito escola maior do que 25 pontos. Essas escolas agregaram a seus alunos mais pontos do que um aluno típico adquire com um ano de escolarização. Assim sendo, são escolas com efeitos particularmente grandes e que podem ser consideradas efetivas e merecem ser estudadas, através de estudos de caso, que busquem identificar que práticas e políticas adotadas as levaram a esta posição de destaque. Provavelmente outras escolas similares em termos do alunado atendido e localização podem implementar, com mais facilidade, as práticas e políticas que as levaram ao êxito observado. Há muitos estudos realizados com esse enfoque, por exemplo, Soares (2002), UNICEF (2007), UNESCO (2007) e Pérez *et al.* (2004).

CONCLUSÃO

Este artigo argumenta que o termo de qualidade da educação comporta vários significados. Argumenta, no entanto que a qualidade da educação escolar deve ser definida como a qualidade das escolas, instituições criadas para oferecer, em nome do estado e das famílias, oportunidades de aquisição das competências cognitivas e sociais, julgadas necessárias pela sociedade.

Refletindo Bidwell (1965), assume-se que a compreensão de uma escola real exige o uso de elementos de duas matrizes teóricas distintas; a escola considerada como uma estrutura burocrática e a escola tomada como uma comunidade. Na primeira visão, a escola pode ser estudada através de informações sobre o desempenho cognitivo de seus alunos, o único resultado que interessa. A segunda introduz outros resultados pelos quais a escola deve ser considerada e enfatiza a necessidade de se conhecer a cultura da escola, construída na interação entre as pessoas que fazem o seu dia a dia.

Diante dessa complexidade, a rotina da escola deve ser monitorada, além de indicadores descritivos das etapas e estruturas próprias de cada processo, por alguns indicadores globais que sintetizam as seguintes dimensões da escola: *Alunos, Recursos, Professores, Projeto Pedagógico, Cultura, Gestão, Custos* e *Resultados*. As intervenções para a produção de melhorias são fruto da avaliação institucional da escola que considera tanto os meios como os vários resultados da organização escolar. De forma específica é preciso enfatizar que a escola tem vários objetivos e todos devem ser considerados na sua avaliação e monitoramento. Trata-se de uma redução danosa considerar apenas os resultados cognitivos dos alunos para a avaliação de escolas. No entanto, atualmente, existem dados apenas de resultados.

A realização de um processo de avaliação que se concretize em mudanças duradouras é tarefa difícil. Para sua adoção pelas escolas públicas exige uma mudança na forma de interação entre as unidades escolas e os órgãos centrais do sistema. Há sólidas evidências na literatura denominada de que estes órgãos deveriam se concentrar na cobrança de resultados claramente colocados e por outro lado no oferecimento de ajuda na forma de mais autonomia e apoio para implementação do projeto pedagógico das escolas. Um dos indicadores sugeridos para verificar o grau de autonomia do sistema é o percentual de recursos controlados pela unidade escolar. Quanto maior for este valor, maior é a chance de a escola atender melhor a sua comunidade, como discutido por Ouchi (2003).

REFERÊNCIAS

ALVES, M. T. G.; SOARES, J. F. Medidas de nível socioeconômico em pesquisas sociais: uma aplicação aos dados de uma pesquisa educacional. *Opinião Pública*, v. 15, p. 1-30, 2009.

ANDRADE, Renato Júdice de. *Qualidade e equidade na educação básica brasileira*: as evidências do SAEB 1995-2003. Tese (Doutorado) – Faculdade de Educação, Universidade Federal de Minas Gerais, Belo Horizonte, 2008. p. 155.

BIDWELL, C. E. The school as a formal organization. *In*: J., G. March (Ed.). *Handbook of organizations*. Chicago: Rand McNally, 1965. p. 972-1022.

BOURDIEU, Pierre; PASSERON, Jean-Claude. *A reprodução*: elementos para uma teoria do sistema de ensino. Rio de Janeiro: Francisco Alves, 1975.

BRASIL. *Constituição da República Federativa do Brasil*. Brasília, 1988.

BRASIL. Decreto nº 6.094 de 24 de abril de 2007. Dispõe sobre a implementação do Plano de Metas Compromisso Todos pela Educação, pela União Federal, em regime de colaboração com municípios, Distrito Federal e estados, e a participação das famílias e da comunidade. *Diário Oficial da União*, Brasília – DF, 25 abr. 2007.

BRASIL. Lei de Diretrizes e Bases da Educação Nacional. Lei nº 9.394, de 20 de dezembro de 1996. Estabelece as diretrizes e bases da educação nacional. Brasília, DF, 1996.

BRINT, Steven. *Schools and societies*. Thousand Oaks – California: Pine Forge Press, 1998. p. 349.

BROOKE, N.; SOARES, J. F. Comentários – seção 1: a escola não faz diferença. *In*: BROOKE, N.; SOARES, J. F. (Org.). *Pesquisa em eficácia escolar*: origem e trajetórias. Belo Horizonte: Ed. UFMG, 2008. p. 14-22.

BROOKE, Nigel; SOARES, José Francisco (Org.). *Pesquisa em eficácia escolar*: origem e trajetórias. Belo Horizonte: Ed. UFMG, 2008. p. 552.

COLEMAN, James S. *et al. Equality of educational opportunity*. Washington, DC: U.S. Government Printing Office, 1966.

CURY, Carlos Roberto Jamil. Direito à educação: direito à igualdade, direito à diferença. *Cadernos de Pesquisa*, v. 116, p. 245-262, 2002.

DURKHEIM, E. A educação como processo socializador: função homogeneizadora e função diferenciadora. *In*: PEREIRA, L.; FORACCHI, M. M. *Educação e sociedade*. 8. ed. São Paulo: Nacional, 1977.

FÁVERO, Osmar. *A educação nas constituintes brasileiras*: 1823-1988. 3. ed. Campinas: Autores Associados, 2005. p. 324.

HAMBLETON, R. K. Principles and selected applications of Item Response Theory. *In*: LINN, R. L. (Ed.). *Educational measurement*. 3. ed. Washington, DC: American Council on Education and the National Council on Measurement in Education, 1993. p. 147-200.

MINTZBERG, Henry. *The structuring of organizations*: a synthesis of the research. University of Illinois at Urbana-Champaign's Academy for Entrepreneurial Leadership Historical Research Reference in Entrepreneurship, 1979.

OAKES, J. *Educational indicators*: a guide for policy makers. New Brunswick: New Jersey Center for Policy Research in Education; Rutgers University, 1986.

OUCHI, W. G.; SEGAL, L. G. *Making schools work*: a revolutionary plan to get your children the education they need. New York: Simon & Schuster, 2003. p. 304.

PATTO, Maria Helena Souza. *A produção do fracasso escolar*. São Paulo: T. A. Queiroz, 1990. p. 385.

PÉREZ, Luz María; BELLEÏ, Cristián *et al. ¿Quién dijo que no se puede?*: Escuelas Efectivas en sectores de pobreza. Unesco; Gobierno del Chile, 2004. p. 308.

PODGURSKY, M. Flunking ETS: how teaching matters. *Education Matters*, v. 1, n. 2, p. 75-78, 2001.

RANIERI, Nina B. Stocco; RIGHETTI, Sabine. *Direito à educação*: aspectos constitucionais. São Paulo: EDUSP, 2009. 287 p.

SANTOS, Lucíola Licinio de C. P. Políticas públicas para o ensino fundamental: Parâmetros Curriculares Nacionais e Sistema Nacional de Avaliação (SAEB). *Educação e Sociedade*, Campinas, v. 23, n. 80, p. 346-367, 2002.

SOARES, J. F. Quality and equity in Brazilian basic education: facts and possibilities. *In*: BROCK, Colin; SCHWARTZMAN, Simon (Org.). *The challenges of education in Brazil*. Oxford: Symposium Books, 2004. p. 69-88.

SOARES, J. F. (Coord.). *Escola eficaz*: um estudo de caso em três escolas da rede pública do Estado de Minas Gerais. Belo Horizonte: Grupo de Avaliação e Medidas Educacionais - GAME/FAE/UFMG, 2002. p.116. (Relatório).

SOARES, J. F. Análise dos pressupostos educacionais e estatísticos do Índice de Desenvolvimento da Educação Básica (IDEB). *In*: ENCONTRO DE PESQUISA EM EDUCAÇÃO DA REGIÃO SUDESTE, 10., Pós-Graduação em Educação na Região Sudeste em suas múltiplas dimensões. Rio de Janeiro, 2011.

SOARES, J. F. O efeito da escola no desempenho cognitivo de seus alunos. *In*: SOUZA, A. D. M. E. (Ed.). *Dimensões da avaliação educacional*. Petrópolis: Vozes, 2005. p. 174-204.

SOARES, J. F.; ANDRADE, R. J. Nível socioeconômico, qualidade e equidade das escolas de Belo Horizonte. *Ensaio*: *Avaliação e Políticas Públicas em Educação*, v. 14, n. 50, p. 107-126, 2006.

SOARES, T. M. Utilização da teoria da resposta ao item na produção de indicadores socioeconômicos. *Pesquisa Operacional*, v. 25, n. 1, p. 83-112, 2005.

STUFFLEBEAM, Daniel L. The CIPP model for evaluation. *In*: STUFFLEBEAM, D. L.; MADAUS, G. F.; KELLAGHAN, T. (Ed.). *Evaluation models*: kluver academic publishers. Boston, 2000. p. 279-317.

U. S. DEPARTMENT OF EDUCATION. National Center for Education Statistics. *Monitoring school quality*: an indicators report. Washington, DC, 2000. 75 p.

UNESCO. Escritório Regional de Educação para a América Latina e Caribe - OREALC. *Educação de qualidade para todos*: um assunto de direitos humanos. Santiago, Chile: UNESCO, 2007. p. 137.

UNICEF. *Aprova Brasil*: O direito de aprender. Boas práticas em escolas públicas avaliadas pela Prova Brasil. Brasília: UNICEF, 2007. p. 104.

UNICEF. *Defining quality in education*. New York: UNICEF, 2000.

VAN VILSTEREN, C. A. Leadership in schools. *In*: VISSCHER, A. J. (Ed.). *Managing schools towards high performance*. Lisse: The Netherlands Swets & Zeitlinger, 1999.

WILLMS, J. D. *Monitoring school performance*: a guide for educators. London: The Falmer Press, 1992.

A QUALIDADE DA ESCOLA PÚBLICA NO BRASIL: UMA PERSPECTIVA HISTÓRICA

CYNTHIA GREIVE VEIGA

O ministro dos negócios do império Paulino José Soares de Souza,[20] em relatório de 1870, à assembleia geral fazia a seguinte afirmação sobre o estado da instrução pública nas províncias brasileiras:

> E com verdadeira magua que vejo-me obrigado a confessar que em poucos paizes a instrucção publica se acha em circumstancias tão pouco lisongeiras, como no Brazil. Não dissimulo a verdade, porque devo manifestar-vol-a inteira e de seu conhecimento há de provir espero com inabalavel confiança, o remédio a tamanho mal. Conquanto a instrução primária e secundaria pelo art. 10 =2º do Acto Addicional esteja a cargo das Assembléas Provinciais, o assumpto interessa a todos os cidadãos que na diffusão das luzes, no esclarecimento de todas as classes da Sociedade Brazileira, não podem deixar de ver o mais seguro elemento de progresso nacional, primeira condição de elevação moral e política para uma nação regida por instituições representativas [...] Em algumas províncias a instrucção publica mostra-se em grande atrazo; em outras em vez de progredir, tem retro-

[20] Paulino Jose Soares de Souza (1834-1901) era filho do influente político de mesmo nome, também nomeado de Visconde do Uruguai.

> gradado; conservando-se aqui estacionaria, alli andando com a maior lentidão. Em poucas é sensível o progresso; em nem uma satisfaz seu estado pelo numero e excellencia dos estabelecimentos de ensino, pela freqüência e aproveitamento dos alumnos, pela vocação para o magistério, pelo zelo e dedicação dos professores, pelo fervor dos pais em dar aos filhos a precisa educação intelectual, em geral pelos resultados que poderião produzir todos estes meios combinados (RELATÓRIO, 1870, p. 39-40).

O problema da falta de progresso na instrução pública não era uma queixa apenas do ministro Paulino, mas também da maioria dos presidentes de província, dos inspetores, professores e pais de alunos em grande parte das províncias brasileiras. Por sua vez os parâmetros de uma educação escolar de boa qualidade, por ele arrolados, eram em geral compartilhados por todos: quantidade e qualidade dos prédios, frequência e aproveitamento dos alunos, vocação e dedicação dos professores, participação das famílias. Como sabemos estas são temáticas ainda muito atuais. Assim uma importante questão se apresenta: de que modo a temática da qualidade da escola pública foi elaborada como um problema? Este texto tem como objetivo principal desenvolver algumas pistas para discutir esta questão a partir de duas proposições iniciais.

A primeira delas é que o parâmetro de qualidade não é um dado *a priori* da experiência dos indivíduos, ou seja, parto do pressuposto de que tal parâmetro é uma construção sócio-histórica e diz respeito aos variados padrões de qualidade elaborados nas dinâmicas sociais ao longo do tempo. Outra proposição é de refletir não sobre a qualidade da escola, mas a qualidade da educação escolar. Ou seja, a proposição não é tomar a escola de modo reificado, como coisa, como comumente se faz, mas propõe-se discutir sobre a dimensão histórica da qualidade da educação escolar na concepção de escola como figuração, ou seja, da escola como rede de relações interdependentes entre pessoas (ELIAS, 2006). Compreendo que a discussão do debate sobre a qualidade de algo ou de alguém somente tem sentido se associado ao entendimento das dinâmicas funcionais presentes nas relações humanas.

Parto de dois pressupostos. Um é o entendimento de que a indagação sobre a qualidade da educação escolar pública, numa perspectiva histórica, implica em analisar os processos de elaboração das relações entre público e privado nas sociedades ocidentais; o outro é o da necessidade de interrogar as dinâmicas relacionais que produzem a escola como figuração e, portanto, indagar sobre a qualidade das relações entre professores e alunos, a qualidade das relações entre gestores, famílias e professores, a qualidade das relações entre os gestores e a população que representa, a qualidade dos processos de ensino aprendizagem (métodos, materiais), a expectativa da função da escola na vida dos indivíduos e na sua ordenação social. A partir destes dois pressupostos compreendo que problematizar a qualidade das relações que produzem a escola como figuração implica em se perguntar sobre a direção da definição de qualidade escolar em curso na nossa sociedade.

Para o desenvolvimento destas questões o texto foi organizado em duas partes. Num primeiro item será abordada a discussão da qualidade das coisas e pessoas como um problema público, portanto associado à elaboração da diferenciação ente público e privado; num outro item serão discutidas algumas possibilidades de reflexão sobre o processo histórico de produção dos parâmetros de qualidade da educação escolar.

QUALIDADE DAS COISAS E DAS PESSOAS COMO COROLÁRIO PARA A ORGANIZAÇÃO DA VIDA SOCIAL-INDIVIDUAL

O substantivo qualidade é de origem latina *qualitas*, *qualitatis* e significa característica, propriedade, natureza, condição que distingue uma coisa ou um traço de personalidade de uma pessoa.[21] Também da palavra *qualis* são derivados os pronomes qual e quem. Por sua vez em documentos históricos brasileiros encontramos a palavra qualidade para designar condição jurídica de alguém (se escravo ou livre) e também para indicar a cor das pessoas (branco, preto, crioulo, pardo, etc.). Acresce-se a isto o uso positivado da palavra quando tomada sem adjetivo (boa ou má qualidade), com significado de um grau de excelência.

O que se quer destacar é que a nomeação da característica de algo ou alguém se faz sempre numa perspectiva comparativa e relacional e na identificação de uma distinção. Deste modo, discutir sobre qualidades implica na análise da elaboração sócio-histórica dos parâmetros de comparação de coisas e de pessoas no âmbito da história dos costumes. Especificamente aqui, a questão que se apresenta é a de refletir, ainda que muito brevemente, sobre os parâmetros distintivos presentes nos processos das mudanças sociais que elaboraram os indicadores das qualidades desejadas e rejeitadas nas sociedades.

---

[21] REZENDE; BIANCHET, 2005.

Tendo em vista a vasta dimensão de acontecimentos que nos possibilitam tal análise tomo como recorte temporal alguns aspectos das mudanças ocorridas a partir do século XVIII nas sociedades capitalistas ocidentais. De acordo com o historiador Johan Huizinga, "Foi apenas no século XVIII que a perfeição do ser humano e da vida em sociedade tornou-se um dogma central, e a busca econômica e social do século seguinte só perde a ingenuidade, mas não a coragem nem o otimismo" (HUIZINGA, 2010, p. 55).

Minha hipótese é a de que os acontecimentos políticos, sociais e econômicos experienciados a partir do século XVIII, tais como: o estabelecimento dos governos constitucionais, a nova divisão do trabalho industrial, o desenvolvimento da classe trabalhadora industrial e dos movimentos políticos, o avanço das ciências (como a medicina higienista) e das técnicas, a expansão da escolarização e do letramento, a ampliação de espaços socializadores, a emergência de novos artefatos de consumo e aumento de consumidores são fatos que expressam aprofundamento de diferenciações sociais e políticas. Por isto a identificação de qualidades passou a se apresentar como referência para a ordenação da sociedade.

Entendo que a complexidade do processo de desenvolvimento e consolidação da sociedade urbano-industrial diz respeito principalmente à ampliação da interdependência entre indivíduos, grupos, nações e, portanto, na alteração da dinâmica funcional das sociedades expressando novas relações de poder, tensões e conflitos. Neste contexto histórico a elaboração de novos parâmetros de qualidade das coisas e pessoas está indissociavelmente ligada às novas relações funcionais em curso, sendo, portanto, expressão de tensões políticas e sociais. Novamente retomando a proposição inicial temos que os parâmetros de qualidade não somente não são dados *a priori*, mas são elaborados em situações de acirramento, tensões e conflitos.

Por outro lado, a busca de boa qualidade nas coisas, tais como preocupações com o belo, o conforto, o gosto, são manifestações mais acentuadas desde o século XVIII, na perspectiva de distinção social ou de prazer individual e relacionam-se às mudanças sociais em curso, em que fundamentalmente ocorreram novas valorizações e significados do público e do privado. Consoante com as análises de Norbert Elias (1993, 1994) tais manifestações são parte do processo civilizador em curso na Europa. Neste contexto novas qualidades se apresentam como expressão da organização da vida no âmbito privado e no público, de modo cada vez mais distinto.

As redefinições de público e privado estão inteiramente associadas à progressiva organização do Estado moderno – a monopolização da violência e a nova estrutura jurídica incorrem em profundas mudanças no comportamento das pessoas, pela diferenciação do que se faz em público e daquilo que se deixa para a intimidade e deve ser subtraído aos olhares dos outros. O aparecimento e a consolidação do Estado produziram novas caracterizações das atividades humanas: o permitido e o lícito, o público e o particular.

Isso vem se fazendo em uma longa duração histórica, podemos dizer que entre os séculos XV e o século XXI assistimos a uma intensa complexificação das funções do Estado, pelas necessidades de ordenação e controle jurídico de um número cada vez mais aumentado das populações. Desse modo também as ações de âmbito público se impõem como necessidade de organização social e de diminuição das tensões produzidas pela diversificação das desigualdades.

Observa-se assim o desenvolvimento de novos mecanismos de interdependência entre o público e o particular. A crescente diferenciação do privado resulta do fortalecimento do Estado e uma nova esfera pública se fundamenta na tensão privado-público. Assim, por exemplo, a noção da necessidade da autoridade pública ou da intervenção do Estado se elabora na discussão da defesa do privado, não somente de defesa da propriedade, mas também da liberdade civil e dos direitos individuais.

Yves Castan (1991), analisando as relações entre política e vida privada, logo após a revolução francesa, e as discussões relativas à interferência do Estado na vida dos indivíduos, afirma que os políticos daquela época comungavam de uma ideia comum, como a percepção de Benjamin Constant que "não punha em dúvida o desenvolvimento das necessidades da vida privada numa civilização material em crescimento, nem a aspiração razoável dos cidadãos de serem ajudados nas tarefas que ela implicaria: instrução, educação, higiene e assistência" (CASTAN, 1991, p. 69).

Na afirmação de Pierre Rosanvalon,

> O nascimento do indivíduo e o do estado moderno participam, assim, do mesmo movimento. Um não pode existir sem o outro. É o Estado que faz o indivíduo existir como sujeito, e, portanto, com direitos, por que ele tem por objetivo proteger estes direitos: não há indivíduo que realize estes direitos sem Estado-protetor (ROSANVALON, 1997, p. 19).

Rosanvalon analisa a elaboração da função do Estado-protetor clássico e a passagem para o Estado-providência a partir de meados do século XIX, com funções além da proteção da propriedade e da vida, que foram se firmando como funções de garantia de direitos de cidadania no desenvolvimento das sociedades democráticas. Observa-se especialmente a função de assistência pública e a expansão da escolarização pública.

Por exemplo, François Béguin (1991) no clássico artigo "As maquinarias inglesas do conforto", discute as políticas de moradia na Inglaterra e a necessidade de intervenção do Estado no espaço público, tendo em vista a pobreza da classe operária inglesa e o custo econômico e social do desconforto, tais como desagregação das famílias e proliferação de doenças. Deste modo, o desenvolvimento das ciências e das técnicas associado às políticas públicas de habitação foram fatores que contribuíram para o debate sobre a qualidade de vida urbana. A partir do século XIX a complexificação das relações de interdependência entre trabalhadores e burguesia possibilita uma nova dinâmica de poder, com diminuição da distância entre governantes e governados – deste modo, na ação política cada vez mais não será possível desconsiderar os governados, o que se manifestou por meio da expansão das ações públicas de assistência.

Também os movimentos dos trabalhadores ao longo do século XIX discutiram a melhoria de suas condições de trabalho. Estas diziam respeito à necessidade de fixação da jornada de trabalho, de melhoria das condições de salubridade das fábricas, de regulamentação do trabalho infantil e do trabalho feminino. Este processo pressionou a intervenção de autoridades públicas pela elaboração de legislação trabalhista.

Quanto à escolarização pública este foi um movimento iniciado em meados do século XVIII e que ganha cada vez mais adeptos ao longo do século XIX. A passagem do monopólio dos saberes elementares da Igreja para o Estado expressa a direção das discussões sobre os direitos do indivíduo e do cidadão em elaboração neste período. Em diferentes nações a escola estatal é apresentada como direito do cidadão, na dupla dimensão de direito individual e de questão pública. Por exemplo, na França, em 1791, Condorcet proclamava:

> A instrução pública é um dever da sociedade para com os cidadãos. Seria inútil declarar que todos os homens têm o mesmo direito; seria inútil que as leis respeitassem esse princípio fundamental da justiça eterna, se a desigualdade das faculdades morais impedisse a maioria de gozar desses direitos em toda a sua extensão. O Estado social diminui necessariamente a desigualdade natural, fazendo que forças comuns concorram para o bem estar dos indivíduos (CONDORCET, 2008, p. 17).

No Brasil o art. 179, item 30, da Constituição de 1824, desde então assegurou a instrução pública primária gratuita como direito inviolável de todo cidadão brasileiro.

Concomitantemente à alteração do entendimento da qualidade das coisas alterou-se também o tipo de qualidade das pessoas como parâmetro de ordenação social. Desde a organização dos estados nacionais e a monopolização da violência ocorreu a ampliação da autocoerção em detrimento da coerção externa como característica de comportamento civilizado, inicialmente apenas para a aparição pública, mas posteriormente, em fins do século XVIII, apresenta-se como uma desejada segunda natureza. Jacques Revel (1991) afirma sobre "o intenso esforço de codificação e controle dos comportamentos" (REVEL, 1991, p. 169) ancorado nos estudos de Norbert Elias sobre o processo civilizador. Tomando o texto de Erasmo "A civilidade pueril", publicado em 1530, como uma de suas fontes de investigação, Elias demonstra o longo processo de civilização dos gestos, das expressões e sentimentos.

Em uma passagem Erasmo afirma "Para que a boa índole da criança seja transparente (e nada como os olhos para revelá-la) convém que o olhar seja plácido, respeitoso e circunspecto. De fato, olho ameaçador é sinal de violência, enquanto olho perverso traduz maldade. Olho erradio e perdido, no espaço, sugere demência" (ERASMO, s.d., p. 125). Além de várias prescrições quanto ao decoro corporal, Erasmo indica para qualidades morais:

> Menino educado não briga com ninguém [...] Não ostentes superioridade; não te gabes; não critiques o temperamento alheio; não deboches os costumes dos estrangeiros... Criança não deve provocar rivalidade com ninguém; antes trata de mostrar cortesia para com todos [...] (ERASMO, s.d., p. 152).

Em 1759, Adam Smith publica "Teoria dos sentimentos morais ou Ensaio para uma análise dos princípios pelos quais os homens naturalmente julgam a conduta e o caráter, primeiro de seus próximos, depois de si mesmos". Nesta obra Smith propõe duas questões básicas para discutir os princípios da moral: em que consiste a virtude ou o teor da conduta que seja objeto de estima, honra e consideração; por que se recomenda a virtude? Ele se pergunta sobre algo fundamental: "como, e por que meios, sucede ao espírito preferir um teor de conduta a outro; denominar um correto e o outro errado; considerar um objeto de aprovação, honra e recompensa e, o outro, de vergonha, censura e castigo" (SMITH, 2002, p. 333). Esta discussão indica para a presença de problemáticas relacionadas com a definição das qualidades humanas de modo essencialmente relacional. No curso de processo civilizador ter boa moral e bons costumes se apresenta como qualidades fundamentais dos indivíduos para a vida em sociedade.

No início do século XX, durante o ano letivo de 1902-1903, Émile Durkheim ministra na Sorbonne o curso "A Educação Moral". Para ele a educação moral é atribuição da família, mas na segunda infância deve ser uma prerrogativa da educação escolar, especificamente da escola pública e deve seguir o que ele denomina de elementos essenciais da moral: regularidade de conduta, noção de autoridade e disciplina – qualidades fundamentais para a vida social. Assim afirma, "O sentimento de regularidade e o sentimento da autoridade são os dois aspectos de um estado de espírito mais complexo que podemos denominar espírito de disciplina. O espírito de disciplina, eis a primeira disposição fundamental de todo temperamento moral" (DURKHEIM, 2008, p. 49).

Desde meados do século XVIII houve intensificações na observância da conduta dos indivíduos e na apreciação de qualidades, a partir do século XIX as novas dinâmicas de interdependência social aliada à intensificação da vida urbana e organização do trabalho industrial fizeram emergir de modo crescente demandas por qualidades morais. Estas demandas possuem enfoque cada vez mais civil que religioso, embora, como afirma Durkheim, a moral religiosa não tenha sido descartada, seja pelos valores adquiridos no tempo, seja pela permanência, entre os crentes, da percepção de Deus como guardião da moral humana.

Aliás, para este autor o que diferencia uma sociedade de outra é exatamente a característica da moral, assim afirma,

> Não existe povo que não tenha moral: o que ocorre é que a moral das sociedades inferiores não é a mesma que a nossa. Aquilo que caracteriza a moral dessas outras sociedades é que se trata de uma moral essencialmente religiosa. Com isso entendo que a maior parte dos deveres, e também aqueles mais importantes, não são os dos homens para com os homens, mas destes para com seus deuses. As principais obrigações não ordenam respeitar ao próximo, ajudá-lo, assisti-lo, mas cumprir com exatidão os ritos prescritos, dar aos deuses aquilo que lhes é devido e exigem até mesmo, conforme a necessidade, sacrifícios de si próprio para a glória dos deuses (DURKHEIM, 2008, p. 22).

Na percepção de Durkheim (2008), diferentemente da moral religiosa em geral a nova educação moral diz respeito aos deveres dos homens para com os próprios homens, o que já era acentuado nas localidades de crença protestante, entretanto as novas tendências da moral de seu tempo vão além dos ensinamentos da moral doméstica e da refutação de comportamentos rudes como assassinatos, furtos e fraudes. A moralidade dos séculos XIX em diante amplia-se para a noção de moralidade pública, de justiça social e de moral cívica, por isso, de acordo com Durkheim, assenta-se nos três elementos fundamentais: regularidade de conduta, noção de autoridade e disciplina.

No Brasil a preocupação com a qualidade das coisas e das pessoas também se amplia no século XIX. Por exemplo, a medicina higienista do século XIX e início do século XX se apresenta como um saber fundamental para as reformas urbanas empreendidas nessa época e para melhoria das condições de saúde – como a prática de vacinação, publicações em revistas especializadas de artigos sobre bons hábitos, higiene alimentar, etc. Mas o discurso higienista no Brasil acabou por disseminar discriminações quanto à qualidade da origem social e étnica dos indivíduos, tendo em vista que a maioria da população alvo das ações de higiene e campanhas de bons hábitos residia na população pobre (da cidade ou da roça) negra e mestiça.

Neste contexto, a escola pública se apresenta como instituição fundamental de educação das crianças e jovens em sua missão de formar boas qualidades morais nos alunos na perspectiva da moralidade púbica, como afirmado por Durkheim (2008). Em artigo publicado na *Revista do Ensino* de 08 de outubro de 1886, cidade de Ouro Preto, Minas Gerais, sobre a importância da educação escolar, o autor inicia referindo-se à liberdade de imprensa como fundamental para o progresso da educação no Brasil – e desmembra em liberdade do folheto, liberdade do livro e a liberdade do periódico e afirma,

> O conjunto das três liberdades de que acima fallamos, forma a educação popular, que, por certo, levará o homem para a sua perfectibilidade moral, fazendo-o respeitar a propriedade, a honra, a vida de seus semelhantes, sem o que não pode haver trabalho, ordem moralidade e justiça (REVISTA DO ENSINO, n. 2, p. 4).

Tendo em vista o crescimento da importância da educação escolar para as populações, ampliam-se também as discussões sobre a qualidade da educação escolar

– como o problema é situado? Que tensões sociais perpassam os debates sobre a qualidade da educação escolar?

QUALIDADE DA EDUCAÇÃO ESCOLAR COMO QUESTÃO PÚBLICA

Philippe Ariès (1987) em publicação sobre a história da criança e da família no antigo regime europeu apresenta-nos fatos demonstrativos da importância cada vez maior da escola para o aprendizado de conteúdos e de normas de conduta na vida das famílias nobres e burguesas a partir do século XVII, enquanto uma instituição de educação distinta daquela do ensino doméstico, ainda que permanecesse esta prática. Vários outros autores escreveram sobre o processo de difusão da educação escolar neste período, especialmente da proliferação dos colégios protestantes e das ordens religiosas católicas. De acordo com Ariès, neste contexto a preocupação com a educação dos filhos, principalmente das classes nobres e burguesas, se torna uma questão cada vez mais frequente no cotidiano da vida familiar.

Contudo, a preocupação com os estudos e a aprendizagem dos filhos até então se distinguia da preocupação com sua escolarização, pois a escola ainda não é a instituição em geral reconhecida como a mais apropriada e legítima para a transmissão das ciências. Minha hipótese é de que a discussão sobre a qualidade da escola se tornou cada vez mais enfática no momento histórico de fixação da popularização da escola e da obrigatoriedade escolar, especialmente a partir do século XIX. Ou melhor, no momento em que a escola se organiza como uma instituição para todos, sem distinção social.

Assim, entendo que neste contexto histórico, a própria institucionalização da escola pública não somente expressa uma tensão social – a necessidade de que a razão e o comportamento civilizado se estendessem a todas as camadas sociais, mas exatamente por ter esta característica, ser pública, é desde então constituída por conflitos múltiplos entre os sujeitos envolvidos com a educação escolar expressos nas relações geracionais, étnicas, de gênero e/ou classe social e por tensões políticas. Embora isso não signifique ausência de conflitos nas escolas particulares, o destaque aqui dado à escola pública é principalmente pela dimensão pública dos conflitos. Em correspondência de um pai, "na qualidade de cidadão", para o inspetor Joaquim Silva, em Minas Gerais, no ano de 1897, as tensões são de variadas manifestações, senão vejamos,

> Na qualidade de cidadão e morador nesta localidade e prejudicado na educação de meu filho, venho por meio desta participar a V. Sa. o Mao procedimento da professora que rege a cadeira deste lugar D. Antonia Ferreira dos Santos, pois a referida professora nada ensina deixa a aula a dispozição dos alunos e vai cuidar no servisso domestico, se o aluno pede lhe para ensinar Ella responde com toda a grosseria dizendo que não pode pelejar com canalhas de burros e vai seguindo para a cozinha. Tendo um filho nesta aula por algum tempo e sem aproveitamento nenhum, tomei a resolução de leva-lo para uma escola particular isto já a um ano e felismente meo filho tem aproveitado muito o ensino particular. Já lê escreve sofrivelmente ao passo que quando retirei desta escola publica aqui elle não conhecia nem as letras do alfabeto [...] Eu como um pobre pai de família venho perante V. Sa. pedir-lhe como autoridade escolar empregar todos os meios para o melhoramento do ensino pois eu não posso mais sustentar meu filho em escola particular e isto é um prejuizo para os paes de família que desejão a educação de seus filhos e ao governo que dispende aos cofres públicos esta mensalidade sem aproveitamento nenhum da infância (SI 797).

É interessante observar os argumentos do pai para justificar ao governo porque o filho iria para uma escola particular, seu entendimento era de que uma aula pública deveria necessariamente ser referência. Acresce-se isto a sua consciência de que a escola/professor de boa qualidade é direito do cidadão.

Para desenvolver a hipótese de que a ampliação dos debates sobre qualidade da educação escolar está associada à popularização da escola podemos refletir sobre o próprio processo escolarizador (VEIGA, 2009). Ou seja, problematizar as dinâmicas de interdependência que produzem a instituição escola como figuração e indagar sobre as relações funcionais constituídas entre os gestores, as famílias, os professores e alunos que possibilitaram a efetivação da escola como espaço privilegiado de transmissão de conhecimentos.

Ressalta-se que a compreensão da escola como figuração se refere essencialmente à problematização das interdependências de pessoas e/ou grupos, ou a figurações que as pessoas formam umas com as outras em refutação aos modos de se tratar a instituição escola de modo reificante. Assim, nesta proposição conceitual o objetivo é romper não somente com o modo reificante de explicar as instituições e o Estado, mas principalmente, recusar as discussões mais tradicionais sobre educação escolar que se fazem assentadas na bipolarização entre Estado e educação.

Este tipo de análise conduz a vários apriorismos que não nos tem ajudado a avançar na compreensão dos problemas da educação escolar, tais como as análises assentadas nos embates do tipo Estado contra escola contra sociedade, ou Estado contra professor contra educação, etc. Neste modo de interpretação a tendência é de crítica às instituições, o que não deixa margem para compreensão das tensões entre indivíduos e/ou grupos sociais, por isso pretende-se apresentar outras possibilidades para interrogar as tensões presentes na figuração escola, sendo elas inúmeras. Vejamos o caso relatado em 1885 por um delegado literário ao presidente da província de Minas Gerais,

> Diz o vigário Agostinho Francisco Paraíso, Inspector Paroquial desta Freguesia, que vendo nenhum adiantamento dos alunos da aula de primeiras letras desta Paróquia levou ao conhecimento do Exmo governo da província, o estado da aula, e as coisas que a seu ver concorriam para isso. Aconteceu porém que o S. Exma mandando-o ouvir como promove o Regulamento n. 49, ao professor Joaquim José Barbalho a cerca deste estado por sua duvida triste; este para furtar-se a evidencia das provas, e continuar a maquiar a fé do Governo com atestados gratuitos, com documentos organizados ao seu belo prazer, feriu de frente o artigo 2º do mencionado regulamento, enviando este documento sem peso algum, ocultamente a Va. Exa, para ver se conseguia atenuar a evidencia dos fatos, que levaram ao conhecimento do Exmo V. Presidente da Província o justificante. A fim de levar ao conhecimento do Exmo. V. Pres. os últimos fatos apresenta 4 testemunhas para atestar a veracidade das acusações dentre elas:
> 1º Se o professor Jerônimo José Barbalho costuma abandonar a aula sem comunicar ao Inspetor Paroquial, e conservar os alunos na chuva com sua porta fechada.
> 2º Se possui negocio com porta aberta, e se durante os trabalhos letivos vende gêneros de seu negocio.
> 3º Se os pais dos meninos se queixão de sua má direção, se tem tirado seus filhos da aula, e se existe dentro da povoação grande numero que os pais não educam por causa do dito professor.
> 4º Se já não foi achado embriagado, dormindo de dia no meio da rua e conduzido por M. Caetano para casa e tem continuado.
> 5º Se cumpri com seos deveres religiosos, e se seus alunos também o fazem.
> 6º Se é dotado de costumes honestos, ou se costuma por alarde de ações torpes.

> 7º Se tem por costume espiritualizar-se e vagar pelas ruas fazendo alaridos e cometendo desordens.
> 8º Se a sala de aula tem condições para que os meninos não fiquem oprimidos uns pelos outros, e se está esta situada em um brejo.
> 9º Se tem melhorado no aproveitamento.
> 10º Se o justificante no cumprimento de seus deveres no espaço de 8 anos que aqui reside tem sido omisso, ou se tem levado por ódio contra quem quer que seja.
> 11º Se o justificante declarou ser inimigo do professor atual.
> 12º Se os alunos aprovados tem sido discípulos ou alusivamente do dito professor (SP PP 1/42, caixa 28, pacotilha 15).

Entende-se que as instituições não existem para acima ou para além de nós mesmos ou de qualquer pessoa, também não possuem leis próprias ou existem independentes e exteriores das relações humanas que formam as sociedades. Portanto, refutam-se as abordagens que compreendem as instituições exteriores à sociedade ou distintas dela. Nesta perspectiva, não tem sentido discutir, por exemplo, sobre relações entre escola e sociedade, ou que a escola produz a sociedade ou é produzida por ela, ou ainda sobre relações entre escola e Estado, ou o Estado contra a escola, etc.

A organização da escola pública no ocidente insere-se numa reflexão mais ampla que envolve pelo menos dois questionamentos: como a escola se tornou a principal instituição social de transmissão e homogeneização de conhecimentos formadores de atitudes racionais; e como se desenvolveu e se consolidou a percepção da infância enquanto geração a ser escolarizada. Ou ainda, discutir o processo de elaboração da homogeneização de determinados saberes e valores como integrantes da sociedade civilizada a ser desenvolvida por uma instituição pública – a escola. Contudo, não será possível aqui aprofundar em tais questões, mas apenas propor algumas questões.

Parto do pressuposto de que o processo de institucionalização das aulas de instrução elementar no século XIX possui referência em todo o ocidente, sendo compartilhado entre as populações de diferentes nações, contudo apresenta especificidades próprias a cada tempo e lugar. Desse modo, recusam-se também as interpretações de importação ou transplantes de "modelos" escolares europeus, tanto devido ao fato de que a interdependência entre as nações demandou a universalização da escola, como pelas particularidades das relações sociais históricas internas de cada nação no desenvolvimento do processo escolarizador.

Estou nomeando o desenvolvimento da escola na sociedade como processo escolarizador na perspectiva da teoria dos processos sociais (ELIAS, 2006). Ou seja, analisar a constituição da escola como um processo social, uma tendência social de longo prazo, contudo não calculadamente planejado *a priori*, mas posta em movimento por diferentes indivíduos e grupos sociais, e também enquanto um processo estruturado e orientado rumo a uma direção específica: prover toda a população infantil do domínio das habilidades de ler, escrever e contar como ação de homogeneização sociocultural das populações.

Quer-se afirmar que o processo de efetivação da escola como lugar oficial de transmissão do saber demandou um longo tempo que incluiu a mudança histórica das formas privadas para formas públicas e coletivas de aprender não foi algo racionalmente planejado por alguém ou por um grupo social determinado. Compreendo que alterações no *habitus* não se explicam por planejamentos racionais, mas pelas relações de interdependência entre indivíduos e grupos sociais que podem inclusive elaborar planejamentos. Cabe ao historiador interrogar sobre as dinâmicas de interdependência presentes a cada tempo e lugar do passado no sentido de dar inteligibilidade a tais mudanças.

Parto da premissa de que o processo escolarizador se refere a uma mudança de longo prazo no comportamento dos indivíduos em relação ao valor estimado para a aprendizagem da leitura, da escrita e das ciências de maneira geral, mas principalmente ao valor atribuído à ciência e à racionalidade como fator fundamental de organização e coesão social. Observa-se que como todo processo social, o processo escolarizador compreende uma dinâmica repleta de conflitos e tensões entre redes de indivíduos e/ou grupos interdependentes.

Assim, compreende-se que na dinâmica tensa de institucionalização da escola, professores, alunos, famílias ou gestores não são por si sujeitos portadores de poder, o seu poder somente se manifesta na relação de interdependência com o outro. Desse modo, problematiza-se o processo escolarizador como desencadeado por relações de poder entre as pessoas e/ou os grupos com equilíbrios diferenciados. Ou seja, entende-se a manifestação de poder como expressão de uma dinâmica relacional – quanto maior a complexidade da divisão do trabalho, maior o grau de interdependência em uma sociedade, e, portanto, maior as redes de poder.

Retomando uma das proposições iniciais, problematizar a qualidade da escola pública implica em problematizar o público, em suas tensões com o privado e particular. Esta questão pode ser refletida por meio da investigação da qualidade das relações entre professores e alunos, a qualidade das relações entre gestores, famílias e professores, a qualidade das relações entre os gestores e a população que representa, e a qualidade dos processos de ensino aprendizagem.

Por exemplo, nos documentos do século XIX é evidente a ampliação das preocupações em relação à necessidade de melhoria da qualidade da escola associada à qualidade do professor. Em 1836 o Delegado Fortunato da província de Minas Gerais reclama do professor,

> Estou intimamente convencido da necessidade de ser demitido o Professor de 1as letras do Arraial de Ponte Nova q. sua inaptidão He a causa da freqüência de poucos alunos, havendo tantos q. falhão e não frequentão como elle mmo. apontou [...] q. me enviou com o off. juncto, sendo certo de que se fosse bom Mestre os Pays concorreriam com mt. gosto para que seus filhos não faltassem e os outros se aproveitassem (PP 1/42 cx 05, envelope 13).

Mas já em 1897, a questão é outra, a professora Olympia Santos reclama da qualidade das condições de trabalho ao inspetor municipal,

> É um dever levar ao digno conhecimento de V. Sa. As faltas de que se resente a Escola publica ora a meu cargo. E para que, V. Sa. possa solicitar dos poderes competentes as necessárias providencias, passo a numeral-as.
> 1º- Tem a Escola 64 alunos matriculados, e uma freqüência de 56, não tendo o salão de aula capacidade para conter nem a metade.
> 2º- A mobília da referida Escola, consta de 4 bancos e 2 mezas grandes sendo a segunda meza collocada em uma sala completamente escura, por não caber na sala de aula e nem no quarto anexo, sendo a dias preciso eu tomar um banco emprestado para muito mal accomodar os alumnos os quaes ficam por tal forma apertados que muitos dell'es assistem as aulas de pé com os livros sobre a minha mesa, por se sentirem algumas vezes accometidos de vertigem. Entretanto muito fácil será desmanchar algumas paredes e fazer um grande salão que possa conter ate 60 alumnos folgadamente apezar da má edificação do referido prédio; com relação a sua commodidade e situação conforme já observou o DD. Inspetor da Hygiene d'este Município o Dr. José Hygino da Silveira. É portanto de urgente necessidade alargar o salão de aula, ou mudar-se a escola para outra casa nas condições exigidas pelo Regulamento das instrucções publicas

> 3º- É também de urgente necessidade, bancos ou carteiras sufficientes para o numero de alumnos caso contrario terão de ficar de pe durante o tempo da aula o que será incontestavelmente horroroso para elles. É tão imprópria esta casa para Escola publica que não tem fundos para despejo nem água, pelo que os alumnos sofrem grandes privações, e tanto assim que deixei de residir no referido prédio e lá vou apenas para dar aula.
> 4º- A Escola não tem livros para matricula, ponto diário e actas nem tão pouco objetos indispensáveis como sejam: Mappa, mural geografhico, pedra ou quadro negro para explicações de Arithmetica e exercícios numéricos; e bem assim um relógio de parede objeto este indispensável para as escolas coloccadas nestes lugares onde não há regulador publico.
> Espero portanto que V.Sa tomará em devida consideração as ponderações acima feitas dando as providencias que o caso exige, com que V. Sa prestaria mais um serviço a instrução publica e se for atendido terá também prestado um serviço a geração vindoura (SI 747).

Acresce-se a estas tensões manifestas a importância de se identificar a expectativa da função da escola na vida dos indivíduos e na ordenação social, bem como se perguntar sobre a direção dos movimentos relativos aos debates sobre a qualidade da educação escolar, ou seja, investigar a qualidade escolar como um processo em longa duração.

Em relatório de 1901 do inspetor Cândido sobre aula visitada em São João del Rey, ele registra,

> A escola se acha convenientemente organizada os alunos são divididos em classes sendo adoptado o methodo simultâneo de ensino. Este é feito pelo methodo mais moderno o da palavração ou phonetico, existindo nas cartas de João de Deus, onde os meninos aprendem de há muito que foi abolido o antigo methodo de soletração [...] o que já é um adiantamento e prova que o professor não é rotineiro, como quase a totalidade dos que existem no Estado. Verifiquei que o professor procura ensinar pela formula expositiva, evitando com cautela a socrática afim de que não haja abuso de memória [...] submetti a exame os alumnos das diversas classes e cumpre-me com prazer aqui mencionar que revelaram aproveitamento e desenvolvimento intelectual em quase todas as disciplinas exigidas pelo regulamento (SI 2756).

CONSIDERAÇÕES FINAIS

> Nos tempos modernos, Exmo. Sr., em que a felicidade de uma Nação depende da instrucção e educação popular, em que os conhecimentos não são assim como outr'ora, o privilegio de uma classe ou casta que dirigisse por si e á seu bel-praser negócios da communidade, em que o tempo em sua marcha civilisadora fez d'elles uma necessidade social, um elemento de ordem e de progresso para todos, não pode ser taxado de exaggeração, aquelle que considerar o mestre-escola como o primeiro funccionario do estado. (RELATÓRIO, 1865, anexo 8, p. 28)

Nas sociedades ocidentais de modo geral a criação da escola pública e sua expansão se fez como parte das mudanças políticas e sociais que culminaram com os governos constitucionais desde fins do século XVIII. A crescente diferenciação entre o privado/particular e o público, por sua vez possibilitou a difusão de noções como cidadania e direitos civis, o que favoreceu a ampliação de ações públicas estatais e o debate quanto à qualidade da educação escolar.

No Brasil, em que pese a permanência da escravidão até 1888, a escola pública se apresenta como uma instituição totalmente inovadora, a primeira instituição a possuir característica de indistinção social – para todas as classes, origens étnicas e gêneros, ainda que tenha havido diferenciações entre escolas de meninos e meninas, devido aos costumes de época e o impedimento de frequência de escravos. Contudo, apesar de pública e gratuita, isso não significa negar a existência de uma permanente tensão entre as condições dos alunos de frequentar a escola e o que prescrevia a lei. Devido ao fato de inicialmente ser direcionada principalmente para alunos oriundos das classes pobres, a própria condição de pobreza, expressa nos documentos principalmente pela falta de vestuário adequado e a necessidade de trabalho, tornava a frequência na escola muito irregular.

Acresce-se a isto outros problemas como a presença do clientelismo nas relações entre professores, famílias e gestores; as precárias condições físicas das aulas ou mesmo o fato de funcionarem na casa do professor; a falta de material e de métodos pedagógicos eficazes; inspeção irregular nas escolas; despreparo dos professores. No início da República, alguns destes problemas foram contornados, como a criação dos grupos escolares em edificações apropriadas, criação de cursos e escolas modernas para formação de professores – os institutos de educação –, circulação de material pedagógico atualizado. Entretanto, estas mesmas inovações criaram diferenciações da clientela escolar.

Ou seja, se durante o período imperial a frequência maior nas escolas públicas era de crianças negras e mestiças, oriundas das classes pobres, desde a República até meados dos anos de 1960, as crianças e jovens de classe média passaram a ser grupo majoritário em várias escolas públicas, o que inclusive será parâmetro para identificar a qualidade de uma escola. Podemos dizer que entre o império e a república a qualidade da educação escolar é representada pela qualidade das pessoas que formam a escola como figuração. Aleluia Heringer Lisboa Teixeira, em recente tese de doutorado sobre uma escola considerada de excelência em Minas Gerais, demonstra, por exemplo, como esta referência se altera com a maior abertura da escola para diferentes origens sociais, assim, afirma: "A memória da excelência acadêmica conviveu ainda, por um período, com a democratização da escola, sendo que à medida que aumentava a democratização, a memória da excelência deixava de ser evidenciada" (TEIXEIRA, 2011, p. 192).

Gostaria de destacar que em geral a medida do grau de qualidade da educação escolar sempre foi mais fortemente centrada no professor, aquele a ser considerado o "primeiro funcionário do estado", como desejava o presidente da província mineira em seu relatório de 1865. Mas o que se observa em geral é uma longa duração de suas precárias condições de trabalho, seja do ponto de vista da formação seja do ponto de vista salarial. Muitas são as questões para debater tal situação, havendo inclusive necessidade de ampliar as pesquisas no sentido de produzir dados históricos referentes a experiências bem sucedidas de exercício do magistério público.

A par das questões salariais, talvez seja necessário problematizar mais a produção histórica das expectativas da atuação do professor associada à função da educação escolar no curso de processo civilizador – ensinar e civilizar, ou seja, formar seres humanos solidários, menos violentos, mais racionais, independentes, etc. Trazendo a referência sociológica de Elias, temos que toda ação humana constitui uma dinâmica funcional e o trabalho do professor é interdependente da ação dos alunos, gestores e familiares. Cabe perguntarmos a cada tempo o modo como se dispõe a trama desta rede, ou melhor, como se desenvolvem as relações de poder entre os sujeitos envolvidos com a educação escolar.

Quanto à questão salarial, também se faz necessário ampliar pesquisas de longa duração incluindo dados quantitativos que favoreçam a comparação histórica entre renda e poder aquisitivo dos professores. A valorização do magistério do ponto de vista financeiro é um tema complexo que não se limita ao âmbito governamental, mas político e cultural. Desde os tempos das reformas pombalinas até hoje, tivemos vários tipos de governo: absolutismo português, monarquia constitucional e república com menor ou maior democracia. Desde o fim do regime militar, governos com perfil de esquerda assumiram o poder nos municípios, estados e poder central - entretanto os avanços na democracia pouco alteraram a política e a cultura de valorização do professor. Novamente não podemos deixar de considerar a rede que produz uma cultura desqualificadora da profissão docente.

Finalmente podemos também nos perguntar sobre as mudanças na qualidade das relações entre professores e alunos. Esta discussão acompanha as também alterações nas relações entre adultos e crianças e, portanto, pais e filhos, embora manifestadas em instâncias diferenciadas - a família e a escola. Alterações na conduta de adultos e crianças em direção a uma maior racionalidade dos afetos e autocoerção se manifestam desde o século XVI (ELIAS, 1993; GÉLIS, 1991). Numa longa duração histórica observamos mudanças significativas nas concepções de tratamento da criança, tanto na dimensão de cuidados físicos como nas necessidades afetivas e de proteção, contribuindo, portanto para uma mudança no comportamento dos adultos, sejam homens ou mulheres.

Evidentemente também na escola as relações professores e alunos lentamente se alteram na direção de maior afetividade e proibição de castigos físicos, principalmente a partir do século XIX. Outra manifestação destas mudanças foi o próprio processo de feminização do magistério da escola primária, acrescida da associação do exercício da profissão docente com função materna, tendo em vista o tipo de concepção das funções sociais de homens e mulheres naquele contexto. Também cada vez mais passa a ser exigido dos professores vocação para ser professor e qualidades morais para o exercício da profissão, ou seja, um grande avanço, tendo em vista o fato de levar em consideração as relações entre adultos e crianças e as demandas de cuidado e proteção que elas requerem (VEIGA, 2009a). Desde então uma educação escolar de qualidade não mais prescinde de professores conscientes das qualidades que sua profissão requer, embora tais qualidades sempre tencionem com as condições de trabalho.

Nos últimos anos assistimos o recrudescimento da violência nas relações entre professores e alunos, não propriamente com crianças, mas majoritariamente entre professores e alunos adolescentes. Elias (1993) afirma que a real mudança na relação entre adultos e os mais jovens (crianças e adolescentes) foi a descoberta de sua autonomia, o que possibilitou relações mais informais e democráticas com alterações nas relações de poder. Acrescentamos que este processo não se faz sem muitos conflitos, em que muitas das vezes os adultos, pais e professores, acostumados a uma tradição de autoritarismo e poder, por vezes inquestionável, acabam por não saber como exercer sua função fundamental de proteção e cuidado das gerações mais jovens, gerando desencontros de expectativa dos mais jovens em relação aos adultos e vice versa.

Ainda no âmbito das relações entre professores e alunos, além das tensões geracionais, ampliam-se as tensões étnicas e de gênero, expressão também de alteração nas relações de interdependência e da maior democratização dos direitos sociais e, portanto, da mudança do parâmetro de qualidade de educação escolar na perspectiva de respeito às diferenças. O fator mais relevante na discussão da qualidade da escola pública está na observância das tensões sociais e políticas que produzem a escola como figuração.

REFERÊNCIAS

ARIÈS, Philippe. *El niño y La vida familiar en el antiguo régimen*. Espanha: Taurus, 1987.

BÉGUIN, François. *Espaço e debates*. 34. ed. São Paulo: Cortez, 1991. p. 39-54.

CASTAN, Yves. Política e vida privada. In ARIÈS, Philippe e DUBY, Georges (orgs.) *História da vida privada. Da Renascença ao Século das Luzes*. São Paulo: Companhia das Letras, 1991.

CONDORCET. *Cinco memórias sobre a instrução pública*. São Paulo: UNESP, 2008.

DURKEIM, Émile. *A educação moral*. São Paulo: Vozes, 2008.

ELIAS, Norbert. *O processo civilizador, 2*: formação do Estado e civilização. Rio de Janeiro: Zahar, 1993.

ELIAS, Norbert. *O processo civilizador, 1*: uma história dos costumes. Rio de Janeiro: Zahar, 1994.

ELIAS, Norbert. *Escritos e ensaios*. Rio de Janeiro: Zahar, 2006.

ERASMO. *De pueris (dos meninos)*: A civilidade pueril. São Paulo: Escala, [s.d].

GÉLIS, Jacques. A individualização da criança. *In*: ARIÈS, Philippe; DUBY, Georges. *História da vida privada, 3*: da renascença ao século das luzes. São Paulo: Companhia das Letras, 1991.

HUIZINGA, Johan. *O outono da idade média*. São Paulo: Cosacnaif, 2010.

REVEL, Jacques. Os usos da civilidade. *In*: ARIÈS, Philippe; DUBY, Georges. *História da vida privada, 3*: da renascença ao século das luzes. São Paulo: Companhia das Letras, 1991.

REZENDE, Antonio Martinez; BIANCHET, Sandra M. G. Braga. *Dicionário do latim essencial*. Belo Horizonte: Crisálida; Tessitura, 2005.

ROSANVALLON, Pierre. *A crise do estado-providência*. Brasília: UNB, Goiás: UFG, 1997.

SMITH, Adam. *Teoria dos sentimentos morais*. São Paulo: Martins Fontes, 2002.

TEIXEIRA, Aleluia Heringer Lisboa. *Uma escola sem muros*: Colégio Estadual de Minas Gerais (1956-1964). Tese (Doutorado) – Universidade Federal de Minas Gerais, Faculdade de Educação, Belo Horizonte, 2011.

VEIGA, Cynthia Greive. O processo escolarizador da infância em Minas Gerais (1835-1906): geração, gênero, classe social e etnia. *In*: OLIVEIRA, Lindamir C. V.; SARAT, Magda (Org.). *Educação infantil*: história e gestão educacional. Mato Grosso do Sul: UFGD, 2009.

VEIGA, Cynthia Greive. Elaboração de hábitos civilizados na constituição das relações entre professores e alunos (1827-1927). *Revista Brasileira de História da Educação*, n. 21, set./dez. 2009a.

Fontes documentais

-Arquivo Público Mineiro:

(SI) Secretaria do Interior.

Códices 747, 797, 2756.

(SP) Seção provincial (PP) Presidência da província.

1/42 caixa 28 pacoltilha 15; 1/42, caixa 5, envelope 13.

RELATORIO apresentado a assembléa geral na segunda sessão da décima quarta legislatura pelo ministro e secretário de estado dos negócios do império Paulino José Soares de Souza. Rio de Janeiro: Typograhia nacional, 1870.

RELATORIO que a Assemblea Legislativa Provincial de Minas Geraes apresentou no acto de abertura da sessão ordinário de 1865 o dezembargador Pedro de Alcântara Cerqueira Leite, presidente da mesma província. Ouro Preto: Typografia de Minas Geraes, 1865. Anexo n. 8.

- Biblioteca Nacional:

REVISTA DO ENSINO. Ouro Preto, anno 1, n. 2, 8 out. 1886.

A QUALIDADE DA ESCOLA PÚBLICA: AS CONDIÇÕES DE TRABALHO E A CONDIÇÃO DOCENTE (REVERBERAÇÕES DO *PENSAR*)

INÊS ASSUNÇÃO DE CASTRO TEIXEIRA

I COMO É QUE A GENTE VOA, QUANDO COMEÇA A PENSAR[22]

Principio destacando que sou muito grata à equipe do *Pensar a Educação, Pensar o Brasil* pelo convite para participar desse Ciclo de Debates *conversando com vocês nesta noite*, pois ele tem um significado especial. Seja porque pensar é um ato humano dos mais importantes, parte do ato educativo, seja porque o *Projeto Pensar a Educação, Pensar o Brasil*, além da proposição de pensar a educação pensando o Brasil inserida em seu próprio título, envolve não somente nossa presença nesse auditório, mas um trabalho radiofônico. Uma atividade realizada com alegria e garra por sua equipe há alguns anos, de que sou testemunha. Desdobrando um pouco mais cada um desses motivos que engrandecem esse Projeto e o convite que recebi, algumas considerações são necessárias.

[22] Esse verso está na canção *Felicidade*, do compositor brasileiro Lupicínio Rodrigues. Sua formulação completa é "O pensamento parece uma coisa à toa. Mas como é que a gente voa. Quando começa a pensar".

Como dito por Lupicínio Rodrigues, com o pensamento a gente voa. Destituído de asas, embora as tenha imitado desde as vestimentas em pluma e objetos ritualísticos indígenas, imitando as aves até avião, nós humanos voamos nas asas do pensamento, nos voos das ideias. Nas asas da imaginação, viajamos por diferentes tipos de conhecimento e saberes, de expressividade e linguagens.

Pensar é uma práxis humana das mais importantes, porque nos permite não somente interrogar o mundo, as coisas, as relações, mas imaginar e criar *outros mundos, possíveis.* O pensar conduz e contém possibilidades de deslocamentos, do novo e do inédito, abrindo-se aos devires. Por isso, um convite ao pensar é sempre necessário e irrecusável. É uma justa e generosa convocação.

Como nos ensinaram os teóricos da Escola de Frankfurt, educar é como ensinar a pensar. É estender essa capacidade e potencial humano, ao mesmo tempo que pensar é parte do trabalho da memória e da invenção. O pensamento pode também nos conduzir a justos e necessários juízos de valor. Nesse sentido e outros, desenvolver o pensamento pode associar-se ao exercício da ética e ao bem viver.

Por certo que pensar não é tudo, pois o sentir, o implicar-se, o comprometer-se, afetar-se e se responsabilizar fazem humanos os Homens. Como também é possível supor que o pensamento crítico e sensível é mais fecundo do que somente um pensamento que analisa e raciocina, desvinculando-se da problemática dos valores, da sensibilidade e da crítica. Nesse sentido, o pensar não se alimenta apenas da razão, dos questionamentos e da reflexividade, mas dos afetos, da paixão, das emoções. E se mistura à política, ampliando e dando corpo às utopias e sonhos.

Ainda nas trilhas dos frankfurtianos, trata-se de exercer um pensamento que pense e interrogue o próprio pensar. Em outros termos, é preciso buscar uma razão crítica da própria razão, na direção de um pensamento emancipatório. Ou, conforme Bourdieu, é preciso pensar os nossos próprios pensamentos.

Sendo assim, cabe à educação e aos educadores desenvolverem o pensamento, entendido não apenas no sentido moderno, como raciocínio lógico, sistemático, formal, nos marcos da razão instrumental, mas como reflexão que nos conduz à compreensão do mundo de forma aberta, crítica e sensível. Assim sendo, o pensamento extrapola sua potência de construção de conhecimento lógico-racional nos termos modernos, para se ampliar mais e mais, envolvendo a filosofia, as artes, a literatura, o mítico, o religioso, o estético e o poético, que pensam em outras bases, com outros princípios, enunciados, formulações e práticas. Nesses voos, no *movimento do sujeito*, o pensamento rompe fronteiras e linguagens, extrapola as margens, levando a outras paisagens.[23]

O pensamento, como um exercício e experiência associada à práxis humana, nos possibilita não somente imaginar outros mundos como edificá-los efetivamente. Permite-nos, ademais, atribuir sentidos, criar e recriar significados, intenções e interesses, associando-se à construção simbólica da vida social. Trata-se, pois, de um pensar que sugere e constitui outros mundos possíveis, outras relações e práticas entre os humanos e entre eles e a natureza, que dignifiquem a vida para todos, em todas as suas formas.

Estamos invocando, ainda, um exercício do pensamento e construção do conhecimento entendido como um pensar epistêmico, que interroga as próprias bases e direções do pensar. Um pensar que prioriza a pergunta frente ao predicado e que se abre ao indeterminado, ao movimento, à crítica. Que dialoga com outras formas do pensar, começando pelas artes, em sua "liberdade desestruturante", na expressão de Hugo Zemelman (1992). Referimo-nos a um modo de pensar aberto, que enlaça e contém os vários tipos de leituras, linguagens e formas de compreensão do mundo – as artes, as letras, a filosofia, o pensamento mítico-religioso –, não necessariamente lógicos e racionalistas, postos que suas formulações também pensam o mundo, em outras bases, a partir de outros referentes e figurações. O pensamento de que fala remetendo-me ao *Pensar a Educação, Pensar o Brasil* é, também, um pensamento responsável pelo que pensa, pelo que formula, pelo que inaugura desde a ética, entendida como "morada do homem", como *ethos*, como caráter associado à *phylia*[24] (MATOS, 2006). Um pensamento que habita a ética e uma ética que habita o pensamento.

Visto que o enunciado do Projeto *Pensar* contém a proposição de se pensar a educação pensando o Brasil, ele amplia seu significado e importância, uma vez que coloca essa relação em pauta, dando-lhe a devida visibilidade e importância. Tal formulação reafirma que é impossível compreender a educação fora da sociedade: para

[23] Para uma discussão do "movimento do sujeito" e do "pensar epistêmico" ver Hugo Zemelman, conforme indicado nas referências.

[24] A *phylia*, referindo-se "às condutas individuais e coletivas, no entrelaçamento dos homens, do cosmos e da cidade", nos termos de Matos (2006, p. 149).

se pensar a educação é necessário pensar o Brasil.[25] Contrariamente ao que o enunciado do Projeto nos convoca, não raro nos esquecemos disso, quando desconsideramos a historicidade das estruturas e dinâmicas sócio-históricas em que a educação se desenvolve, em que os sistemas educativo-escolares se descortinam. Tal como os raciocínios e discursos cada vez mais usuais, que afirmam que a educação resolve os problemas da sociedade, sem levar em conta que os próprios processos sociais produzem os problemas, as dinâmicas e práticas, os sistemas e experiências educativas, sempre imbricadas na sociedade e na cultura. Sempre inscritos em historicidades sociopolíticas. Não raro muitos se esquecem de que a própria escola é uma invenção sócio-histórica de sociedades, grupos e épocas.

Quanto ao outro motivo que faz do Projeto *Pensar* e do convite que me foi feito algo tão relevante e singular, é seu aspecto radiofônico, a que me referi acima. O *Pensar* participa de uma importante tradição de movimentos e propostas libertárias, prosseguindo-a e reinventando-a. Lembrando apenas de três exemplos significativos, grandes pensadores como Theodor Adorno fazia programas de rádio para expor e divulgar ideias, para pensar, para debater. Também não podemos nos esquecer da proposta de alfabetização de Paulo Freire, que nos anos 60 criou seu método de alfabetização para se ler as letras e o mundo, desenvolvido em programas radiofônicos, que lhe valeram a perseguição e o exílio imposto pela ditadura militar brasileira. Um outro exemplo, mais recente, que também nos toca e revela a importância do rádio é o do movimento dos professores de Oaxaca (2006, México), que extrapolou os próprios docentes, fazendo surgir a APPO (Associação de Los Pueblos de Oaxaca). A continuidade, o vigor, a organização e a resistência desse movimento e suas formas organizativas resultaram, em grande parte, da presença do rádio. A começar pela Rádio *Planton*, dos professores de Oaxaca,[26] como se vê

---

[25] Embora possamos imaginar que a ordem dos fatores altera o resultado e que por isso melhor seria esboçar tal formulação, indo do mais amplo ao mais específico, do geral ao particular, dizendo Pensar o Brasil para pensar a Educação, o que aqui nos interessa é que está posta e enfatizada a relação educação e sociedade, independentemente de qual seja o primeiro ou o segundo termo do enunciado. Sobretudo, porque não se trata de relações lineares de causa e efeito, mas de tensões e de contradições, o que diminui a importância de um termo aparecer antes ou depois do outro.

[26] Vê-se nesse documentário que quando o movimento reivindicatório se amplia e consolida, a Rádio Platon, dos professores, é fechada por ordem do governo e a rádio dos estudantes, cedida por eles aos docentes em greve, a substitui na articulação do movimento, cumprindo a mesma função da rádio dos docentes.

ao assistir o documentário de Jill Irene Friedberg "Un poquito de tanta verdad" (México/EUA, 2007) sobre o mesmo.

O aspecto radiofônico do *Pensar a Educação, Pensar o Brasil*, participa de uma bela e fecunda tradição de discussão, de pensamento e reflexões que extrapolam os muros da academia, chegando a outros grupos, localidades, comunidades. Pelas ondas do rádio o *Pensar* possibilita, a inúmeros grupos em diversos espaços, um alargamento do pensamento e da conversação. Também por esse aspecto felicito sua equipe e me orgulho de aqui estar, dando uma pequena colaboração com os colegas que ousam imaginar e se dedicar a projetos e propostas dessa natureza, ou melhor, dessa grandeza.

Feitas tais considerações e deferência, passemos à discussão mais específica do tema *desta noite*.

II MAS LÁ EM CASA MEU PAI ME ACUDIA, NÃO HÁ AQUELE QUE COM FOME APRENDA[27]

A qualidade da escola pública em suas relações com a condição docente e as condições de trabalho dos professores é uma questão pertinente e sempre atual, pois ela não está dada de uma vez por todas. E, sobretudo, porque o acesso e a permanência da população na escola pública de qualidade é um direito de cidadania. Trata-se de um direito em permanente construção, implicado em particularidades sócio-históricas. É uma questão complexa, que envolve um conjunto de elementos e dimensões: materiais e humanas, objetivas e subjetivas. Envolve, ainda, normas e regulações, memória e tradição e as estruturas existentes – a dimensão instituída da escola –, como também se constitui pela ação e agenciamentos dos sujeitos sociais nos espaços e tempos escolares, em suas práticas usuais e em suas práticas inéditas – a dimensão instituinte.

Essa temática ganha hoje maior importância e urgência no Brasil, porque a ampliação dos sistemas públicos de ensino e da oferta de vagas em vários segmentos da Educação Básica no País, comparada a outras épocas, tem gerado e pode vir a ge-

[27] A estrofe completa da canção "Assim seja, amém", de Luiz Gonzaga Junior (Gonzaguinha) na qual está esse verso é: "A professora me repreendia, quem não estuda não come merenda. Mas lá em casa meu pai me acudia, não há aquele que com fome aprenda".

rar, em alguns contextos, o que Pierre Bourdieu (1990) denominou "os excluídos do interior". Refere-se, também, ao que Fanfani (2007) designou como "a nova questão social" na América Latina. Mas o que nomeamos como qualidade da escola pública e a que nos referimos quando a relacionamos às condições de exercício da docência? Para essa discussão são necessários alguns pressupostos teórico-analíticos.

O primeiro deles é o de que os termos *qualidade da escola pública*, *condição docente* e *condições de trabalho dos professores* contêm formulações que se inscrevem na historicidade que lhes dá origem. Noções, conceitos e categorias analíticas não nascem do nada, mas do pensamento humano que os elabora, que interroga e teoriza a realidade sócio-histórica. Por isso devem ser historicizados, considerando-se os contextos e épocas em que se inscrevem e os protagonismos históricos dos sujeitos individuais e coletivos, que excedendo a realidade, pensam e mobilizam ideias, criam e recriam interpretações e leituras do mundo.

Assim sendo, sem estender essa discussão, pois imagino que ela esteve e estará presente em *todas as mesas deste Ciclo de* Debates sobre a qualidade da escola pública, reitero que a ideia de uma escola pública de qualidade para todos está historicamente situada. Inscreve-se na edificação das sociedades ocidentais modernas e republicanas, que institui a educação como um dos direitos sociais de cidadania. A discussão da escola pública de qualidade como um direito de todos está associada à moderna noção de cidadania que contém não somente a ideia da existência dos direitos sociais, civis e políticos para todos – o direito de ter direitos –, como também a possibilidade de se criar direitos novos.

Nesse sentido, discutir a escola pública de qualidade é primeiramente, situar a questão historicamente, entendendo-a como uma parte da construção de uma sociedade de direitos. Desta maneira, a existência de vagas e oportunidades para que todas as crianças, jovens e adultos (quando for o caso) possam aceder e permanecer na escola pública é um primeiro aspecto a observar quando discutimos a sua qualidade. Para que tenha qualidade, a escola pública deverá atender a todos, sem exceção, porque se trata de um direito. Se ela exclui os que nela não podem entrar e permanecer, por ausência de vagas ou de oferta de unidades e classes escolares, sua qualidade está comprometida. Caso existam escolas públicas bem constituídas, mas apenas para uma parte dos cidadãos, elas não podem ser consideradas escolas de qualidade. Isto é, a escola pública não será de qualidade se não for um direito de todos, um espaço a que todos os cidadãos tenham acesso e nela possam permanecer, realizando significativos percursos de formação.

Um segundo princípio epistemológico associado à dimensão sócio-histórica da discussão da qualidade da escola pública é o do estreito vínculo entre educação, cultura e sociedade. A educação em todas as suas formas, tempos e espaços têm sempre um caráter social, inserindo-se em totalidades sócio-históricas. Assim sendo, os processos educativos escolares e extraescolares são inseparáveis dos processos sócio-históricos mais amplos que os circunscrevem. No movimento geracional da vida social há os nascimentos e mortes, os grupos que chegam e os que se vão. Posto que os indivíduos nascem desprovidos da cultura (embora possuam equipamentos biopsíquicos para assimilá-la e modificá-la), todas as sociedades e culturas precisam resolver o problema da inserção de suas novas gerações na vida social. E todas o fazem e fizeram de diferentes formas, através dos processos, instituições e práticas de socialização de suas crianças, adolescentes e jovens, novas gerações que nelas aportam. Modernamente o fazem, em parte, com a invenção da escola, com sua respectiva forma e cultura escolar, com a invenção do aluno, do professor e com a criação dos sistemas de ensino.[28] Conforme Fanfani (2007) destaca, é preciso olhar a escola não somente de dentro, mas "desde fuera", observando-a desde seu entorno até as estruturas e dinâmicas sócio-históricas mais amplas em que se localiza.

Pensando o Brasil nos dias atuais, a discussão de qualquer questão do campo da educação, ou qual seja, deverá considerar, em primeira mão, as configurações sócio-históricas da formação social brasileira. Tendo em vista sua dinâmica histórica do passado e do presente, temos hoje uma sociedade erigida sob os parâmetros do capitalismo neoliberal, que reproduz em novas bases os processos de "modernização conservadora", na expressão de F. Fernandes (1974). Velhas e novas formas de desigualdade social e injustiça existentes ao longo da história do País são produzidas e reproduzidas com nova roupagem, sob matizes elitistas, privatistas e autoritárias. Configura-se uma sociedade tecnologicamente desenvolvida, com extensa utilização das tecnologias de produção, de informação e comunicação de última geração, que modificam os processos produtivos, as sociabilidades e os modos de vida, mantendo-se os processos de dominação e "inclusão subalterna", lembrando José S. Martins (2003). Tais processos que desdobram, direta e indiretamente, em acentuadas e renovadas desigualdades escolares.

[28] Este entendimento está contido no título do Projeto *Pensar a Educação, Pensar o Brasil*, conforme enfatizamos acima. Tal formulação indica que para se compreender e atuar em educação é necessário analisar e considerar a totalidade sócio-histórica em que se localiza, que a circunscreve.

Um terceiro pressuposto epistemológico para se pensar a escola pública de qualidade é o de que este problema envolve um conjunto de elementos e aspectos, de um lado. E sendo historicamente constituído, não é algo pronto e acaba. Trata-se, pois, de examinar a questão não somente em sua historicidade, apreendendo-a em seus complexos movimentos e configurações nesta e naquela época, neste e aquele lugar. É necessário apreender os vários aspectos, dimensões e fatores envolvidos na edificação de uma escola pública de qualidade: desde o mais interno à escola e seus sujeitos aos mais externos ao espaço escolar; desde o mais simples ao mais complicado deles. Devem-se considerar os vários elementos que compõem o dia a dia da escola, quais sejam, os fatores materiais e humanos, objetivos e subjetivos, instituídos e instituintes. Nesse sentido, é necessário observar tanto a infraestrutura material da instituição quanto a organização do trabalho, do tempo, do espaço, dos currículos e da cultura escolar. É necessário considerar as normas e regulações historicizando-as – a dimensão instituída da escola –, quanto a ação dos sujeitos sociais no dia a dia da escola, que refazem, ressignificam e alteram o existente, instaurando o inédito – a dimensão instituinte da realidade escolar.

Ainda conforme as contribuições analíticas das ciências da educação, e este é um quarto pressuposto teórico necessário, o desenvolvimento escolar das crianças e jovens, (um dos aspectos a serem examinados na discussão da qualidade da escola) deve-se a duas ordens de fatores: os de ordem pedagógica e os de ordem social. Também por essa razão, a problemática da qualidade da escola pública tem contornos e elementos que extrapolam seus muros. Qual seja, a escola de qualidade está intimamente associada à existência de adequadas condições para a formação dos educandos, condições internas e externas à escola, pedagógicas e sociais, como dito. Portanto, a escola de qualidade está intimamente relaciona à existência de uma vida de qualidade. Como dito na canção de Gonzaguinha, "não há aquele que com fome aprenda".

Em outros termos, embora não seja uma relação ou determinação mecânica, as desigualdades sociais se desdobram em desigualdades escolares, conforme os ensinamentos dos teóricos da reprodução. Mediante processos eivados de contradições, ambiguidades e resistência, os problemas sociais chegam à escola de sol a sol. Sejam eles relativos às políticas públicas para a educação e para a cultura; sejam os problemas de nossas infâncias e juventudes, entre os quais se destaca a problemática da socialização não escolar; sejam os problemas do trabalho, do emprego, da família em seus novos e antigos contornos; seja a questão da violência, da autoridade, da banalização da vida, do consumismo e outros tantos que habitam os tempos e espaços da vida social. Tais questões são levadas aos territórios da escola de várias maneiras e graus de intensidade.

Tendo apresentado tais pressupostos para se pensar a qualidade da escola pública, como entendemos esse termo propriamente dito? Tal como se passa com outros conceitos criados para nomear e compreender o mundo, a qualidade da escola é uma expressão polissêmica, que contém significados não unívocos, historicamente situados. Aqui a entendemos em suas configurações próprias às sociedades modernas e contemporâneas, em que a escola de qualidade é um direito social. Trata-se, ainda, de uma escola em que os sujeitos educandos possam viver, de forma significativa, seus processos de formação humana. Pensamos em processos educativos emancipatórios, que assegurem a formação de sujeitos epistêmicos, éticos e estéticos, capazes de habitar a *polis* com dignidade e sentido comum. Uma escola de qualidade a entendemos como aquela que possibilita vivências e aprendizados humanos e sociais que contribuam para a vida justa e o bem viver de todos, mediante processos de socialização e subjetivação que tornem humanos os homens. Uma escola de qualidade apresenta a memória cultural às novas gerações, problematizando-a, para que dela se apropriando possam reinventar o mundo, realizando o novo de que são portadores, como sujeitos históricos capazes de vida ativa (ARENDT, 1993); capazes de participação e protagonismos. A qualidade da escola requer, ainda, que as novas gerações conheçam e interroguem não somente os conhecimentos científicos disciplinares, mas os conhecimentos, saberes e leituras do mundo vindos da arte, da literatura, da filosofia. Nela se trabalha as dimensões ético-moral e estético-expressiva que possibilitam a formação humana de sujeitos capazes de pensar com sensibilidade, justeza e responsabilidade. Para tanto, ao lado da infraestrutura material da escola, são necessários currículos e práticas educativo-escolares que contribuam para que nossas crianças e jovens tenham significativas vivências que ultrapassem o domínio dos conhecimentos teóricos, alcançando a experiência vivida. O exercício da participação democrática, da colaboração, da solidariedade, da generosidade e outras virtudes humanas devem estar presentes na escola. Não apenas como discursos, mas como experiência vivida, como processos de subjetivação e construção identitária de sujeitos que contribuam para a criação de *um outro mundo*: desejado, necessário, *possível*.

Recapitulando para melhor prosseguir, pensar uma escola pública de qualidade envolve alguns princípios teóricos: trata-se de entender a questão em sua historicidade e permanente construção; trata-se de levar em consideração as íntimas relações entre educação-cultura e sociedades, compreendendo as totalidades sócio-históricas em que a escola se insere; trata-se de considerar a complexidade dos elementos nela implicados; trata-se de considerar os fatores de ordem pedagógica e de ordem social que interferem nos processos de aprender e ensinar; trata-se de construir e realizar projetos que assegurem, mediante experiências vividas, a formação humana das novas gerações em suas várias dimensões, potencializando o novo de que são portadoras.

III NUMA EDUCAÇÃO DECENTE, PRA UM NOVO JEITO DE SER[29]

As condições de trabalho sob as quais os professores realizam suas atividades são um dos principais fatores da qualidade da escola, nessa ou naquela localidade, modalidade, nível e rede de ensino, quando seja. Por que isso se passa? Como sustentar tal argumento? Ele nos remete ao coração da instituição escolar, à sua finalidade primeira e última: o ato educativo-pedagógico que se realiza nas relações docente-discente. O processo de aprender-ensinar-aprendendo em quaisquer de suas épocas, contextos e formas é sempre relacional. Este é o caso da relação intersubjetiva entre professor e aluno, que mediada pelos processos de construção e transmissão de conhecimentos, instaura a condição docente e dá origem ao ato pedagógico escolar. Assim sendo, tudo pode ser retirado do espaço escolar, exceto seus sujeitos e suas relações, sem os quais a ação didático-pedagógica e a própria escola perderiam o sentido.

Contudo, tais relações não se esgotam em si mesmas e não ocorrem no vazio, pois envolvem outros elementos escolares e extraescolares. No dia a dia da escola, o trabalho docente – que se funda e se realiza na convivência entre docentes e discentes – envolve vários fatores e circunstâncias que extrapolam a vontade, o desejo, as ideias e as pessoas de seus professores, pois os processos de aprender e ensinar têm exigências específicas. Demanda condições humanas e materiais adequadas para se realizar como um direito à escola de qualidade. É necessário indagar, portanto, sobre os fatores implicados nas condições de realização da docência, que influenciam na qualidade da escola? Quais aspectos devem ser considerados a este respeito? De um

[29] Esse verso está na canção "Pra soletrar a liberdade", de Zé Pinto, parte do repertório de músicas do MST. A estrofe completa é: "Criança e adolescente, numa educação decente, pra um novo jeito de ser. Pra soletrar a liberdade, na cartilha do ABC".

lado estão as condições objetivas e materiais. E, de outro, as dimensões simbólicas e da subjetividade, que envolvem, entre outros aspectos, os sentidos e significados que os próprios professores atribuem à docência, que se articulam ao sistema de referência dos alunos, da escola e da sociedade acerca da mesma.

Quanto às condições objetivas e materiais da docência, dizem respeito à materialidade da escola e às condições laborais dos professores. No âmbito da escola deve-se considerar: sua infraestrutura material e arquitetura; seus equipamentos e recursos didáticos disponíveis; o conjunto de regras que normatizam seu funcionamento e sua dinâmica; a cultura da escola, assim como o currículo e aspectos relativos ao perfil e ao número de alunos e de profissionais da instituição, entre outros fatores presentes em seu dia a dia.

No âmbito das condições laborais dos professores, deve-se considerar tanto os aspectos objetivos da organização do trabalho escolar quanto o que deles se exige quanto a seu desempenho didático-pedagógico e ao aproveitamento dos estudantes. Nesse âmbito estão também questões como seus direitos trabalhistas, o quadro de carreira, os regimes de trabalho, os salários e demais itens da remuneração da profissão, a extensão e a rítmica (intensidade) das jornadas de trabalho diante dos alunos e distantes deles, bem como os calendários e horários a serem cumpridos, as exigências que os currículos prescrevem à atividade docente, entre outros aspectos. As condições laborais docentes comportam, também, o número de escolas, de disciplinas e conteúdos, assim como a quantidade de alunos e turmas que os docentes assumem em suas jornadas diárias, semanais, mensais. Nesse âmbito incidem, ainda, as formas de governo da escola e o tipo de inserção e participação docente nos mesmos.

Esse conjunto de aspectos relativos à escola e às condições laborais da docência está diretamente associado à qualidade da instituição escolar, pois dependendo de como se apresentem, facilitam ou dificultam as atividades a serem realizadas pelos professores com as crianças e jovens na sala de aula e na escola, dentro dos padrões necessários e esperados para a sua formação.

No que se refere à ordem do simbólico e da subjetividade implicados no exercício da docência e, por conseguinte, na qualidade da escola, constituem-se das representações, das expectativas e das valorações inscritas na docência. Trata-se dos sentidos e significados que a sociedade atribui à educação e à escola. E, sobretudo, os sentidos e significados, as expectativas e os valores que os professores atribuem à escola e à docência. Envolvem, ainda, as emoções e sentimentos que eles vivenciam na docência e como docentes. Este plano constitutivo se refere a uma "rede de significados" socialmente construída sobre os professores e a escola, com desdobramentos na interioridade, nas subjetividades docentes. Dependendo do gosto ou do desgosto dos professores com seu ofício, e dependendo de como veem e sentem as crianças, adolescentes, jovens com os quais se relacionam no dia a dia da sala de aula e da escola, suas condutas, atitudes e práticas serão diferentes, incidindo sob a qualidade da escola. Se os docentes estiverem satisfeitos, sentindo-se dignos e valorizados na profissão, com orgulho e gosto pelo que fazem, há maior possibilidade de existência de uma escola de qualidade. Não se trata de uma relação mecânica no sentido de que professores satisfeitos asseguram uma escola de qualidade, porque há outros fatores implicados nessa questão. Contudo, esse aspecto – das significações e da subjetividade docente – é essencial em relação ao trabalho que o professor realiza com seus alunos e, portanto, é um dos elementos que mais interferem na qualidade da escola.

Deve-se reiterar a esse respeito que, sendo a docência uma relação, nela estão inscritas as imagens e visões dos docentes sobre seus alunos, representações que irão dar sentidos, significados e rumos a seus trabalhos com eles. As visões positivas e confiantes ou visões negativas e descrentes sobre os estudantes, ao lado da presença ou ausência de compromissos éticos dos mestres com a escola pública, têm implicações sob a forma como aqueles professores lidam com aqueles meninos. Cabe, pois, perguntar: como vemos, o que esperamos, que imagens construímos sobre as crianças, adolescentes e jovens com os quais trabalhamos nas escolas públicas? Elas são positivas, elas são promissoras? São representações negativas, vendo-as como carentes, difíceis, desinteressadas e outras visões que as desqualificam?

De igual forma, a maneira como os professores compreendem os processos educativo-pedagógicos e a forma como se relacionam com o conhecimento, que atravessa a relação docente-discente, também influenciam suas condutas e práticas na sala de aula e na escola, com implicações na qualidade. Um professor que gosta de ler, por exemplo, irá transmitir esse gosto a seus alunos e vice-versa. Uma professora que trabalha na perspectiva da etnomatemática irá desenvolver projetos e atividades distintas de seus colegas que têm outras concepções sobre a matemática e seus aprendizados, citando dois exemplos.

Em suma, as condições objetivas e subjetivas, tanto quanto as condições materiais e simbólicas sob as quais os professores trabalham são centrais na configuração da qualidade da escola, porque facilitam ou dificultam o ato pedagógico, alterando sua qualidade. Ilustrando um pouco mais essa ideia, uma sala de aula ampla, iluminada, bem equipada e com a presença de um pequeno número de estudantes, com professores satisfeitos com seu trabalho, favorece a ação didático-pedagógica que nela se realiza, com ganhos de qualidade.

De outra parte, visto sua centralidade na escola, os professores potencializam ou restringem, assim como diminuem ou multiplicam a potência dos demais elementos que configuram os processos educativos escolares. Sendo assim, em uma mesma escola e sala de aula, em iguais condições materiais de trabalho, podem existir currículos, relações e experiências didático-pedagógicas diferentes, se forem distintos seus atores, o grupo de professores, em especial. Este fato evidencia que ao lado das condições objetivas e materiais para a realização do ato-pedagógico, há aspectos subjetivos, valorativos e simbólicos da docência, presentes nas relações dos professores com seus alunos, a serem considerados na discussão da qualidade da escola.

Dito de outra maneira, tendo em vista os traçados e dinâmicas da organização do trabalho e da cultura da escola, os professores têm um lugar fundamental. E dependendo de como veem seus alunos e de como veem e sentem a docência, o que fazem no cotidiano escolar poderá elevar ou diminuir a qualidade da escola. Embora nem tudo dependa deles ou de sua vontade, a ação dos professores dá vida e sentido aos outros elementos que constituem a escola, à sua base material e infraestrutura, às suas normas, ao seu funcionamento do dia a dia. Daí sua importância. Por ser assim, sem escolas em condições adequadas e sem as devidas condições laborais para os docentes, dificilmente teremos *uma educação decente*, como nos versos da canção.

IV QUEM SABE FAZ A HORA...[30]

Há graves problemas nas condições de trabalho dos professores da Educação Básica brasileira nos dias atuais, que comprometem a edificação de uma escola pública de qualidade para todos. Sem pretender generalizá-los e esgotar a questão, pois a realidade é diversificada, dinâmica e complexa, quais deles destacar? Tal como analisado por diversos autores, ao se realizar mediante relações intersubjetivas, o trabalho

[30] Este verso está na canção *Pra não dizer que não falei de flores*, de Geraldo Vandré. Em sua formulação completa é: "Vem vamos embora. Que esperar não é saber. Quem sabe faz a hora. Não espera acontecer". Cantada por grupos e multidões de norte a sul do Brasil, a música tornou-se um dos ícones da *Campanha das Diretas*, que exigia liberdades democráticas e o fim da ditadura militar dos anos 60/80 no País.

docente comporta um forte envolvimento humano, exigindo condições adequadas para se realizar. Necessita de tranquilidade e suportes. Contudo, as condições objetivas e materiais, tanto quanto as subjetivas sob as quais esses docentes realizam seu trabalho são precárias, adversas e preocupantes, agravando os desafios próprios à docência nas sociedades contemporâneas. Diante das precárias condições laborais do magistério da educação básica e da escassa base material das escolas, torna-se desafiante e exaustivo, ou mesmo impossível, realizar um trabalho pedagógico compatível com uma escola pública de qualidade.

Geralmente inexiste nas escolas públicas de Educação Básica uma infraestrutura completa e adequada, seja relativa ao espaço e à arquitetura escolar, às instalações, ao mobiliário, aos equipamentos, à iluminação, à ventilação, aos sons e ruídos, seja quanto aos recursos didático-pedagógicos. Também há vários problemas relativos à organização e gestão do trabalho e atividades da escola, aos currículos e aspectos da cultura da escola, inclusive a distribuição e usos dos tempos escolares (horários, calendários, etc.).

Paradoxalmente, esses problemas se agravam nos estabelecimentos de ensino das regiões periféricas e mais pobres. Este é o caso das escolas do campo e localidades onde as próprias comunidades, bairros, regiões e seus moradores vivem em condições precárias. E, ainda assim, carecem de políticas públicas e de equipamentos sociais. Por conseguinte, as escolas física e materialmente mais pobres estão em localidades mais pobres, confirmando o fato de que as desigualdades sociais se reproduzem nas desigualdades escolares.

São também impróprias e espoliativas as condições laborais dos docentes. A começar pelos baixos salários, que os obriga a ampliarem suas jornadas semanais e intensificarem seus ritmos de trabalho, tanto diante dos alunos quanto em seus tempos fora da escola. Nesses períodos os docentes avaliam e planejam suas atividades, fazem cursos e capacitação, entre outras funções requeridas para o exercício da docência. A essas longas e intensas jornadas de trabalho docente não remunerado ou com pífias remunerações, se acrescentam as jornadas domésticas e o cuidado dos filhos, visto que o magistério da Educação Básica no Brasil é predominantemente feminino.[31]

[31] Nos tempos cotidianos de suas vidas docentes, esses professores e professoras se deslocam diariamente entre uma e outra escola, entre essa e aquela sala de aula, entre um e outro turno de

Vários estudos sobre as condições laborais desses docentes nas últimas décadas, no Brasil e outras regiões, reiteram a existência não apenas de um processo de proletarização, como também de precarização e intensificação do trabalho docente, tendo em vista, entre outros aspectos, as novas exigências impostas aos professores pelos sistemas e gestão educacional e pela realidade da escola.

Há, também, os desafios da ordem dos significados e sentidos, das emoções e sentimentos implicados na condição docente e viveres dos professores hoje, com desdobramentos sobre suas atitudes e práticas e, portanto, sobre a qualidade da escola. A esse respeito, diversos estudos demonstram que, embora exista satisfação por parte de muitos professores quanto à profissão, há hoje um mal-estar docente instalado entre muitos deles e delas, sobretudo na educação básica, assim como altos índices de absenteísmo no trabalho e de adoecimento docente.

Deve-se considerar, ainda, que a escola e seus profissionais estão sempre vulneráveis e expostos à mídia, em situações difíceis, sendo muitas vezes criticados e desafiados. Observa-se, também, nessa exposição midiática e por parte das políticas e gestores da educação, uma culpabilização desses profissionais pelos problemas da escola.

Visto o caráter relacional da docência, deve-se indagar, ainda, sobre quem são, quais suas origens sociais e pertencimentos étnico-culturais, como vivem, o que pensam e o que sentem as crianças, adolescentes e jovens alunos das escolas públicas. Sabe-se que mesmo possuindo características comuns às gerações que os precederam, são diferentes do que foram seus professores quando crianças e jovens. Tanto no que se refere à cultura infantil e juvenil quanto à exposição às novas tecnologias e à mídia, à questão da autoridade e aos processos de socialização – docentes e discentes vivem e viveram experiências distintas. Também se diferem quanto às suas formas de sociabilidade e outros aspectos dos modos de vida contemporâneos, nos quais se destacam os apelos consumistas, entre outras situações a que estão submetidas as novas gerações de hoje frente às de outras épocas, no mundo ocidental capitalista.

trabalho, disciplina e conteúdos didáticos. Transitam entre diversos universos culturais e frações das classes populares, público atual da escola pública. Estão ora aqui ora acolá, entre dezenas e dezenas de crianças, adolescentes e jovens, com variadas histórias individuais, familiares e de escolarização. Não raro, sofridas histórias, como também são diversos os pertencimentos étnico-raciais, costumes, hábitos, linguagens, crenças, modos de vida de seus alunos. Tal diversidade enriquece a escola, porém exige conhecimentos, sensibilidade e condutas adequadas dos docentes para potencializarem tais diferenças.

Conforme Fanfani e Tedesco (2005) salientaram, estamos diante de novos docentes e novos discentes. E suas relações hoje são mediadas e dialogam não somente com as formas tradicionais de transmissão dos conhecimentos escolares, mas com outras linguagens, das novas tecnologias de comunicação e informação. Nas salas de aulas estão garotos e garotas pertencentes a gerações que sucedem às de seus professores, que vivem sua socialização primária em famílias com novas configurações, sob o signo da televisão, da mídia, da indústria cultural. São como filhos das sociedades imagéticas, erigidas sob o signo do espetáculo, da mercadoria, conforme Guy Debord.

Neste novo e velho contexto, visto que se repõem em novas bases as dinâmicas da "modernização conservadora" e da "inclusão subalterna" a que nos referimos acima, os professores se veem diante de crianças e jovens muito diferentes e de questões muito diversas das escolas do passado, a começar pela questão da autoridade. A experiência docente se realiza sob forte tensão. A sala de aula da Educação Básica, sobretudo no Ensino Fundamental I e II, torna-se um cenário de dificuldades, de desafios, de problemas. É cada vez mais trabalhoso construir no tempo das aulas, junto com a meninada e com os jovens, um significado positivo, feliz e prazeroso para o conhecimento escolar. Como atrair a atenção dos adolescentes e jovens? Como tocá-los de forma que se envolvam com a aula, com as aprendizagens, com o conhecimento? Como trabalhar seus interesses, experiências e histórias comuns, distintas e singulares? Como dar sentido à escola? Quais currículos, quais atividades, que linguagens têm sentido e podem interessar aqueles garotos e garotas?

Diante de tais problemas e desafios a que são submetidos diariamente, ao lado da escassa materialidade das escolas e das precárias condições laborais para o exercício da docência, os professores vivem sob incertezas e intempéries. A sala de aula, *locus* privilegiado da docência, torna-se um palco de tensões, um permanente tensionamento. Não raro um foco de conflito, de desalento, de cansaço, de mal estar e de adoecimento docente.

Se observarmos os suportes extraescolares que as crianças, adolescentes e jovens necessitam, outros problemas se colocam. Tendo em vista as novas configurações do mundo do trabalho, a maior integração das mulheres em atividades fora do lar, ao lado dos apelos consumistas entre outras questões, visto a presença da mídia e da internet configurando novas formas de sociabilidade e modos de vida no interior dos grupos familiares, os desafios para os docentes em suas relações e trabalhos com as crianças e jovens se alargam. Em geral muitos deles estão abandonados, nas mais diferentes classes sociais, por motivos similares e também distintos, com pais e mães ausentes em seu dia a dia.

Esse conjunto de circunstâncias internas à escola e às condições laborais dos professores, implicadas no exercício da docência, ao lado de aspectos gerais das sociedades contemporâneas em seus contornos na formação social brasileira, se associam à qualidade da escola pública. Precisam ser considerados para se pensar sobre essa questão e para a implementação de políticas e ações que a edifiquem.

Por último, deve-se perguntar a quem cabe a responsabilidade, a concretização de uma escola pública de qualidade para todos, nos diversos níveis e modalidades de ensino, em todo o território brasileiro? Em termos gerais, essa é uma tarefa de todos os cidadãos, de toda a sociedade. Porém, é dos governos, em especial, sendo que estes atuam conforme os interesses que representam e mediante o jogo de forças sociais que os pressionam para essa ou aquela direção, forças em disputa pela hegemonia política. Nesse sentido, a mobilização da sociedade civil, da população em geral e dos grupos organizados em defesa da escola pública de qualidade é fundamental.

Observa-se que tem havido no Brasil algumas medidas a esse respeito, sobretudo dos governos dito populares. Contudo, considerando o que é necessário e a importância desse direito, os esforços têm sido modestos e inadequados. E não raro, são mais retóricos do que efetivos. Modestos, porque não apresentam aporte e gestão de recursos compatíveis com a dimensão do problema. Inadequados, porque muitas medidas e políticas não tocam em questões centrais. A esse respeito vê-se que as iniciativas relativas à formação acadêmica inicial e continuada de professores têm sido claramente priorizadas, sem que exista igual comprometimento, aporte de recursos e medidas adequadas à efetiva melhoria das condições laborais e trabalhistas dos docentes. Tais políticas continuam, via de regra, omissas ou insuficientes quanto à elevação dos níveis salariais; quanto à implantação de quadros de carreira com real valorização material e simbólica da docência; quanto aos regimes de trabalho compatíveis com as dificuldades e responsabilidades da profissão. É notória a inexistência de medidas que possam atrair e retribuir com justiça as exigências inscritas no trabalho de educar.

Visto a importância da ação docente nos processos educativos escolares, e considerando que a formação acadêmica inicial e continuada de professores, profissionais é apenas uma parte dos elementos implicados na ação docente, podendo tal formação ser deformada pelas condições objetivas de trabalho dos professores, sem que melhorem significativamente as condições laborais docentes, a qualidade da escola pública fica comprometida, senão inviabilizada. Daí a importância de medidas concretas e urgentes nessa direção, de modo a estancar o absenteísmo, o adoecimento docente, o desgaste material e simbólico da profissão na Educação Básica, que tem provocado um desencantamento de inúmeros profissionais, gerando, inclusive, a fuga de contingentes jovens que nela poderiam se integrar, revigorando-a.

Também é questionável e inadequada a política de avaliação de resultados e correlatas, envolvendo sistemas de classificação e premiação de alunos, escolas e professores. As políticas de avaliação de produtividade (embora seja necessária a avaliação da escola pública e dos sistemas de ensino), dependendo de como são feitas podem gerar injustiças e impropriedades. Entre outras razões, porque padronizam o que é diverso e múltiplo. Trata-se, ainda, mais de retórica do que de ações concretas, pois se examinarmos os fatos reais veremos que os discursos sobre a educação e a escola são muito mais presentes e frequentes do que medidas e atos efetivos que assegurem uma escola pública de qualidade.

Em outros termos, considerando a natureza e origem dos problemas da qualidade da escola pública e o peso dos professores sobre essa questão, não a alcançaremos sem que haja um redirecionamento de tais políticas. Não é a formação acadêmica, como também não são os exames e sistemas de *ranking* escolar com suas respectivas simplificações e premiações que irão assegurar a qualidade da escola pública. Se assim o fosse, essa já teria sido alcançada se observarmos, por exemplo, o volume de inversões, de projetos e iniciativas relativas à formação de professores que o País realizou nas últimas décadas. São também inócuos e enganosos os discursos e retóricas da mídia ou de quem seja, que consideram a educação como salvação dos problemas sociais. Equivocados e inadequados são, ainda, as análises e políticas que atribuem ou culpabilizam os professores e seus processos de formação pelos problemas da escola nos dias de hoje, pois a questão é muito mais ampla e não pode ser simplificada.

Quanto à contribuição dos professores e estudantes brasileiros eticamente comprometidos com a construção da escola pública de qualidade, têm momentos e manifestações significativas em nossa história social remota e recente. Ora no dia a dia da escola e da sala de aula, ora em suas lutas e movimentos específicos de defesa da educação pública no País, ora em lutas mais gerais vê-se seus protagonismos. Embora seja necessário ampliá-los e fortalecê-los em todo o País, são inúmeras as mobilizações e lutas que estudantes e professores realizaram no Brasil em defesa da democratização do País e da educação pública. Relembrando alguns exemplos recentes, nossos jovens estudantes estiveram presentes no espaço público, alguns deles perdendo suas vidas e outros as arriscando sob os aparelhos policiais, exigindo mudanças sociais, a democratização do País e educação pública de qualidade, como nos movimentos e manifestações liderados pela União Nacional dos Estudantes dos anos 60 e posteriores. Mais recentemente, sob o refrão de Cazuza, cantando "Viva a sociedade alternativa", os estudantes secundaristas brasileiros estiveram presentes nas ruas exigindo o *impeachment* do então presidente Fernando Collor de Melo. Entre vários outros momentos de grandeza, nossas novas gerações de estudantes foram às ruas e se manifestaram de variadas formas, exigindo mudanças.

Os docentes brasileiros de todos os níveis de ensino também não temeram a luta. Organizaram-se em vigorosos movimentos, de norte a sul do País. Participaram ativamente da luta contra a ditadura militar e por reivindicações específicas do campo educacional, desde a segunda metade da década de 70, tomando-se a história recente. Não nos faltam, portanto, belos e vigorosos exemplos para prosseguirmos. Conforme milhares de brasileiros cantaram em repetidas vezes, entre eles jovens estudantes e seus professores na Campanha pelas Eleições Diretas nos final dos anos 80, embora a esperança seja a nossa estrela guia, não podemos mais esperar. Não podemos aumentar nossa dívida social com milhares de crianças e jovens brasileiros que têm direito a uma escola pública de qualidade: *Quem sabe faz a hora.*

REFERÊNCIAS

ADORNO, Theodor. *Educação e emancipação.* 3 ed. São Paulo: Paz e Terra, 2003.

ARENDT, Hannah. *A condição humana.* Rio de Janeiro: Forense, 1993.

ARENDT, Hannah. A crise da educação. *In*: *Entre o passado e o futuro.* São Paulo: Perspectiva, 1979.

BOURDIEU, Pierre. Os excluídos do interior. In:____NOGUEIRA, Maria Alice; CATANI, Afrânio (orgs). Escritos da Educação. Petrópolis: Vozes, 1990.

FANFANI, E. Tenti. *La escuela y la cuestión social*. Ensayos de Sociología de la Educación. México: Siglo XXI Editores, 2007.

FANFANI, E. Tenti; TEDESCO, Juan Carlos. *Nuevos docentes, nuevos discentes*, 2005. Disponível em: <http://www.pv.ccoo.es/ensenyament/htm-docs/htm-docs/tedesco.pdf>.

FERNANDES, Florestan. *A revolução burguesa no Brasil*: ensaio de interpretação sociológica. Rio de Janeiro: Zahar, 1974.

FRIEDBERG, Irene Jill. *Un poquito de tanta verdad*. México: Cine Documental, 2007.

MARTINS, José de Souza. *A sociedade vista do abismo*: novos estudos sobre exclusão, pobreza e classes sociais. 2. ed. Petrópolis: Vozes, 2003.

MATOS, Olgária. *Discretas esperanças*: reflexões filosóficas sobre o mundo contemporâneo. São Paulo: Nova Alexandria, 2006.

ZEMELMAN, Hugo. *Los horizontes de la razón*: historia y necesidad de utopía. México: Anthropos Editorial, 1992.

ZEMELMAN, Hugo. *El movimiento del sujeto*. México: IPECAL, 2011. Mimeografado.

ZEMELMAN, Hugo. *Pensar teórico y pensar epistêmico*. México: IPECAL, 2011. Mimeografado.

SOBRE OS AUTORES

ALICE CASIMIRO LOPES - Doutora em Educação pela Universidade Federal do Rio de Janeiro (UFRJ). Atualmente é Professora do Programa de Pós-graduação em Educação (www.proped.pro.br) da Universidade do Estado do Rio de Janeiro (UERJ) e Procientista nesta mesma instituição, onde coordena o grupo de pesquisa Políticas de Currículo e Cultura (www.curriculo-uerj.pro.br). É bolsista de produtividade do CNPq e Cientista do Nosso Estado da Faperj.

INES CASTRO TEIXEIRA – Professora Associada da Faculdade de Educação da Universidade Federal de Minas Gerais. (Graduação e Pós-Graduação). Pesquisadora / Bolsista de Produtividade em Pesquisa do Conselho Nacional de Desenvolvimento Científico e Tecnológico (CNPQ).Pós-Doutorado em Educação pela Universidade de Barcelona (Espanha). Pós-Doutorado em Sociologia da Cultura pela Universidade Autônoma Metropolitana (UAM). Ciudad de México (México).Pesquisadora do Grupo de Pesquisas sobre Condição e Formação Docente da Faculdade de Educação da UFMG (PRODOC/FAE/UFMG). ines.teixeira@pesquisador.cnpq.br

LUCÍOLA LICINIO SANTOS – Graduada em Comunicação Social, pela Universidade Federal de Minas Gerais (1969) e em Pedagogia pelo Instituto de Educação de Minas Gerais (1971), hoje, Universidade do Estado de Minas Gerais, Mestrado em Pesquisa Educacional pela Universidade Federal de São Carlos (1980), doutorado em Educação (Departamento de Sociologia da Educação) pelo Instituto de Educação da Universidade de Londres (1989), pós doutorado na mesma instituição (2003) e estágio sênior na Universidade de Lisboa (2011). É pesquisadora 1 A do CNPq e Professora Titular da Faculdade de Educação da UFMG, atuando na graduação e na pós-graduação. Tem pesquisado, publicado, orientado dissertações e teses no campo do currículo, formação e trabalho docente, bem como das políticas públicas implementadas nesses campos.

VITOR HENRIQUE PARO - Mestre em Educação pela USP, doutorado em Educação pela PUC-SP e livre-docência em Educação pela USP. Foi pesquisador sênior na Fundação Carlos Chagas e professor titular na PUC-SP. É professor titular (aposentado) da Faculdade de Educação da USP, onde exerce a pesquisa, a docência e a orientação em nível de pós-graduação. É coordenador do Grupo de Estudos e Pesquisas em Administração Escolar (Gepae). Atua na área de Educação, com ênfase em Administração de Unidades Educativas. Coordenou 15 pesquisas, estando, no momento, executando o projeto sobre As Dimensões da Prática Administrativa do Diretor Escolar do Ensino Fundamental diante do Caráter Político-Pedagógico da Escola. Sua linha de pesquisa é Universalização do Ensino e Democratização da Gestão Escolar. Atualmente compõe o corpo editorial de 8 periódicos, além do Conselho Editorial (Educação) da Editora Cortez. É autor de: Administração escolar: introdução crítica (Cortez), Gestão democrática da escola pública (Ática), Por dentro da escola pública (Xamã), Escritos sobre educação (Xamã), Reprovação escolar: renúncia à educação (Xamã), Gestão escolar, democracia e qualidade do ensino (Ática) e Educação como exercício do poder: critica ao senso comum em educação (Cortez).

JOSÉ FRANCISCO SOARES – Mestre em Estatística pelo Instituto de Matemática Pura e Aplicada (1977), doutor em Estatística pela University of Wisconsin - Madison (1981) e pós-doutorado em Educação pela University of Michigan Ann Arbor (2002). É professor titular aposentado da Universidade Federal de Minas Gerais, membro do Conselho Consultivo do INEP e membro do Conselho Técnico do INEE (Instituto Nacional para la Evaluación de la Educación - México). Membro do Conselho de Governança do Movimento Todos pela Educação. Sua atuação acadêmica está concentrada na área Avaliação de Sistemas, Instituições, Planos e Programas Educacionais, e Políticas Educacionais, com ênfase em medidas de resultados educacionais e cálculo e explicação do efeito das escolas de ensino básico brasileiras.

CYNTHIA GREIVE VEIGA – Graduada em História pela Universidade Federal de Minas Gerais (1982), Licenciatura curta em Pedagogia (habilitação Administração e Supervisão da Escola de 1º grau) pelo Instituto de Educação de Minas Gerais (1984), Mestrado em Educação pela Universidade Federal de Minas Gerais (1987) e Doutorado em História pela Universidade Estadual de Campinas (1994). Realizou pós-doutoramento no Departamento de História da Universidade de São Paulo (2003). É professora da Faculdade de Educação da Universidade Federal de Minas Gerais com atividades docentes e de orientação na graduação e na pós-graduação. Realiza pesquisas em História da Educação, investigando principalmente os seguintes temas: escolarização, disciplinas escolares, educação da infância, professores, relações interétnicas, de gênero e classe social na história da escola.

FABIANA DA SILVA VIANA - Graduada em Pedagogia pela Universidade Federal de Minas Gerais (2003), mestre e doutora em Educação pela Universidade Federal de Minas Gerais. Pesquisadora do Grupo de Estudo e Pesquisa em História da Educação (GEPHE/FaE/UFMG) e integrante do Grupo HISTORIAR - Pesquisa, Ensino e Extensão em História da Educação. Tem experiência na área de Educação, com ênfase em História da educação, atuando principalmente nos seguintes temas: Escolarização, Ensino da Leitura e Escrita, História da Família e da Infância, Intelectuais e Espaços Públicos no Brasil.

NELMA MARÇAL LACERDA FONSECA - Graduada em Pedagogia, Mestre em Educação (FaE/UFMG). Analista Educacional da Secretaria de Estado de Educação de Minas Gerais, onde coordena o Museu da Escola de Minas Gerais e o Programa de História Oral da Educação Mineira, trabalho agraciado com Menção Honrosa no Primeiro Prêmio em Excelência em Gestão Pública, do governo mineiro. Criou em âmbito estadual a Campanha de Educação Patrimonial "Em Minas, memória é coisa de futuro" para identificar, preservar e divulgar acervo histórico, cultural e artístico das escolas e municípios mineiros. Essa campanha deu origem à criação do primeiro Museu da Escola do interior de Minas Gerais, em Oliveira e do Museu Virtual da Memória da Educação Mineira (www.educacao.mg.gov.br). É integrante do Grupo de Estudos e Pesquisas em História da Educação- GEPHE e dos projetos Pensar a Educação Pensar o Brasil e Moderno, Modernidade e Modernização, da FaE-UFMG.

RITA CRISTINA LIMA LAGES - Graduada em Letras (UFMG), Mestre em Educação (UFMG). Atualmente, doutoranda em Educação (UFMG). É pesquisadora do Grupo de Estudos e Pesquisas em História da Educação (GEPHE), da FaE/UFMG. Integrante dos projetos: Pensar a Educação Pensar o Brasil; Moderno, Modernidade e Modernização, vinculados à FaE-UFMG.Tem experiência nas áreas: Educação, Letras, com ênfase em História da Educação, Línguas Estrangeiras Modernas, Formação de Professores, Orientação de Estágio. Como pesquisadora, atua nos seguintes temas: História da Educação, História do Currículo e das Disciplinas Escolares, Práticas de Ensino e Cultura Escolar.

A Coleção **Pensar a Educação Pensar o Brasil** é fruto de uma parceria entre a *Mazza Edições* e o *Projeto Pensar a Educação Pensar o Brasil – 1822/2022.* Este Projeto, desenvolvido em parceria por docentes e discentes da Pontifícia Universidade Católica de Minas Gerais, da Universidade Federal de Ouro Preto e da Universidade Federal de Minas Gerais, envolve ações de ensino, pesquisa e extensão que buscam refletir sobre o lugar da educação no âmbito dos projetos de Brasil delineados ao longo de nossa história. Fazem parte do Projeto um *Programa de Rádio*, levado ao ar toda semana na *Rádio UFMG Educativa, Seminários Anuais* sobre temas relevantes para a educação Brasileira e a presente *Coleção.*

Integram a Coleção cinco séries: *Série Seminário, Série Estudos Históricos, Série Clássicos da Educação Brasileira, Série Diálogos* e *Série Ensaios.*

A **Série Seminários** publica os textos apresentados nos Seminários Anuais do Projeto, dos quais participam os mais importantes pesquisadores em educação do País. A **Série Estudos Históricos** publica trabalhos de história da educação e de áreas afins que contribuam para alargar o entendimento sobre o lugar da educação no âmbito dos projetos de Brasil delineados ao longo de nossa história. A **Série Clássicos da Educação Brasileira** traz resenhas introdutórias das principais obras sobre educação brasileira publicadas pelos principais pesquisadores em educação do País. A **Série Diálogos** publica textos que buscam fortalecer o intercâmbio entre o professorado da educação básica e os(as) pesquisadores(as) das diversas áreas da educação. A **Série Ensaios** publica interpretações da relação entre a educação e as grandes questões que marcaram e marcam a história da sociedade brasileira nos últimos 200 anos.

O objetivo da Mazza Edições e do *Projeto Pensar a Educação Pensar o Brasil – 1822/2022* é que a Coleção contribua para a discussão da educação brasileira e, por meio desta, da constituição da própria sociedade brasileira.

Este livro foi composto em Minion Pro Cond e impresso
em papel Offset 75 g/m² (miolo) e Cartão 250 g/m² (capa),
no mês de setembro de dois mil e doze.